高等学校档案学专业系列教材

公 文 学

主编 张林华　　　副主编 蒙娜 桂美锐

WUHAN UNIVERSITY PRESS

武汉大学出版社

图书在版编目(CIP)数据

公文学/张林华主编.—武汉：武汉大学出版社,2023.12
高等学校档案学专业系列教材
ISBN 978-7-307-24146-6

Ⅰ.公…　Ⅱ.张…　Ⅲ.公文—写作—高等学校—教材　Ⅳ.H152.3

中国国家版本馆 CIP 数据核字(2023)第 222388 号

责任编辑:李　琼　　　责任校对:鄢春梅　　　版式设计:韩闻锦

出版发行:**武汉大学出版社**　(430072　武昌　珞珈山)
　　　　　(电子邮箱:cbs22@ whu.edu.cn　网址:www.wdp.whu.edu.cn)
印刷:武汉中远印务有限公司
开本:720×1000　1/16　印张:13.25　字数:236 千字　插页:2
版次:2023 年 12 月第 1 版　　2023 年 12 月第 1 次印刷
ISBN 978-7-307-24146-6　　定价:48.00 元

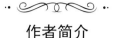

作者简介

张林华，档案学硕士、社会学博士。上海大学文化遗产与信息管理学院教授、博士生导师，澳大利亚悉尼科技大学（UTS）2016年高级访问学者。主要研究方向为档案信息资源开发、档案馆公共服务、民生档案远程利用等。主持、参与科研、教改项目10余项，其中主持完成国家社科基金项目1项、教育部社科基金项目1项、上海市教委项目2项、上海市档案局软科学项目1项，另主持上海市教委教改项目1项、上海大学校级教改项目2项。主编学术专著3部、教材3部，已发表学术论文50余篇。荣获中国档案学会、上海市教委、上海市档案局等颁发的教学、科研优秀成果奖等多项奖励。

蒙娜，档案学硕士、文学博士。西北师范大学文学院讲师，主要研究方向为秘书学、档案管理学、中国现当代文学等。

桂美锐，档案学硕士，毕业于上海大学文化遗产与信息管理学院，硕士期间赴英国曼彻斯特大学交流，研究方向为档案信息资源开发与利用，参与国家社科基金项目"基于区域性远程服务实践的档案资源共享研究"，曾在《档案学通讯》《档案管理》等核心期刊发表学术论文6篇。现就职于上海大学基建处，从事高校基建项目合规与档案管理等相关工作。

目　　录

第一章 绪 论

我国的公文和公文工作已有几千年的历史，在历史发展过程中，无论是公文本身的载体、名称、格式，还是公文工作的制度、方法都发生了重大的演变。随着人们对公文和公文工作的认识逐步深化以及社会对公文工作知识需求的不断增长，公文学的研究逐渐形成并发展起来，最终形成体系，发展成一门独立的学科。

第一节 公文学源流

公文学是伴随着人类文明的发展而逐渐形成、发展起来的。公文学是一门源远流长的学科，它的发展，以公文和公文工作的实践为源头；它的研究，以公文和公文工作的实践为基础。公文学的源头，应当从公文和公文工作的实践中探寻。

一、公文学的起源

早在距今 3000 多年前的殷商时期，我国就已经产生公文，公文作为统治阶级治理国家的工具，被广泛使用并逐渐加深认识、总结经验，从而建立了一系列的公文工作制度。但是，由于落后保守的社会制度，僵化的思想观念，代代相袭沿袭成法，在长达数千年的奴隶制、封建制社会中，公文与其他文学形式的界限并不明确，公文学的研究相当有限，仅限于公文工作制度、格式方面的规范。

南朝刘勰的《文心雕龙》写于公元 500 年左右，这部书中涉及公文文种达 35 种之多，论述了它们的作用与撰写，专门考证了这些文种的由来和沿革，对我国公文学研究的形成和发展有着深远的影响。此外，唐朝翰林学士杨巨撰写的《翰林学士旧规》研究了公文格式，明朝徐师曾所著《文体明辨》中《书记》一节，列举了"书"等八种公文文体。但上述研究较之一门独立学科的专门化、体系化研究则距离甚远。

真正把公文学当作一门独立的学科来研究是 20 世纪初期辛亥革命取得胜利后。辛亥革命彻底废除了封建社会的吏制和旧的公文程式，并且把公文从政论文中分离出来，这无疑是一大进步。在此后的数十年间，迫于国内外形势，国民政府进行了一系列行政改革，公文与公文工作作为机关行政管理的重要部分，公文学研究才具备了合适的环境。

从 1911 年辛亥革命之后至 1949 年中华人民共和国成立称做旧档案学时期，这一阶段实质上也是公文学的形成时期。辛亥革命后，封建社会彻底瓦解，出于管理国家事务和革除政府机关内部积弊的需要，国民政府开展"行政效率"运动。作为提高行政效率的重要环节，公文、公文工作诸方面进行了一系列改革，建立新公文工作机构和公文工作人员队伍，使学习、研究公文学知识成为一种社会需求。为了适应这一改革形势，推广公文和公文工作知识，提高机关公文工作效率，一些从事机关公文工作的知识分子开始系统研究公文的撰写、处理及其历史演变等，并引进西方的行政学理论的研究成果，写出了一批有关公文和公文工作的文章、论著，出现了公文学的教学以及一批研究公文和公文工作的论著、文章，公文学的研究逐渐形成并发展起来，最终形成体系，发展成一门独立的学科。从民国初年至 20 世纪 20 年代末，根据公文程式法令撰写的专著就有十余种之多。在培养官吏的学校里设置公文课程，编制了公文程式讲义，比较详细地论述了公文程式等。1911 年 6 月直隶自治总局仝宝廉编写了《公文式》一书。20 世纪 30 年代初，由上海商务印书馆出版的徐望之《公牍通论》把公文作为一个独立的领域和对象进行研究，对公文的名称、种类的演变、体式、撰拟、处理等，都作了系统的研究和论述，该论著还在当时的学府里作为教材使用。20 世纪 40 年代，许同莘所著《公牍学史》首次使用了"公牍学"这个名称。以后周连亮的《公文处理法》等专著相继问世，对后来的公文工作的实践及理论研究都有很大影响。此外，公文学课程也相继开设起来。这一切，标志着我国公文学的系统研究已逐步形成。

二、公文学的发展

这一时期主要指从 1949 年中华人民共和国成立开始至 1978 年党的十一届三中全会召开这一历史阶段。这一时期实质上是我国公文学理论在社会主义建设初期的发展时期，也是我国社会主义公文学的建立和发展时期。中华人民共和国成立后，我国的公文学理论研究继承革命政权机关留下的关于公文处理方面的宝贵遗产，在批判吸收旧档案学时期公文学和苏联公文学理论的基础上，初步创立发展了我国的社会主义公文学理论，并在此理论基础上，着手建立我国的社会主义公文工作事业，进入了建立社会主义公文学理论体系的新的历史发展时期。中华人民共和国成立后，党和政府为推动和规范公文工作的开展颁发了一系列法规公文，明确了公文的名称、用法，确立了我国公文工作的原则、制度、方法和组织体系。中国人民大学档案学系成立了公文学教研室，1961 年潘嘉主编的《公文学讲义》(后再版更名为《文书学纲要》)，对中国公文工作史作了系统的研究。

公文学研究日渐走向繁荣则是 20 世纪 70 年代末期以后。十一届三中全会后，改革开放的春风为公文学研究带来了生机。党和国家在总结中华人民共和国成立 30 多年来公文工作实践和公文学理论研究的基础上，对"文革"中被破坏的公文工作和公文学理论研究进行恢复整顿。1981 年 2 月，国务院发布了《国家行政机关公文处理暂行办法》。此后，经国务院批准又发布了《国家机关公文格式》等几项标准。经济、文化建设的蓬勃发展，对我国公文工作事业和公文学理论研究提出了新的更高的要求，政治上比较宽松的环境、学术上贯彻了"百花齐放，百家争鸣"的方针，公文学理论研究进入了一个新的历史发展时期。公文学学术研究空前繁荣，研究成果大量涌现。首先，学术研究成果卓著，出现了《文书学基础》(松世勤主编)、《文书学》(梁毓阶编著)、《机关文件管理》(曹润芳主编)等专著。《办公室大全》《档案学词典》等大型专业工具书于 20 世纪 90 年代初问世，收录了公文和公文工作的大量词条。其次，在中央和省、市的档案和秘书专业刊物，如《档案学通讯》《秘书》《秘书之友》《办公室管理》中，都设有公文和公文工作专栏，为公文学的研究提供了平台。再次，公文学教育兴起，在全国各省市形成了一大批高等院校的专业师资队伍。另外，还发展了夜大、自学考试、高等职业学校等多层次的教育体系。

21 世纪以来，随着社会信息化与行政体制改革及政务信息公开的发展，公文学研究进一步繁荣与深化。信息技术的不断发展及其在公文工作中的广泛应用，使公文工作实践较以往已发生了巨大的变化，新事物、新现象的出现促使人们研究、思考相应的公文学理论基础问题，推动了学科理论研究的发展。随着学科研究的深入开展，这一时期理论研究的范围更加拓宽，研究的内容更加深入、细化。公文学理论研究热点纷呈：办公自动化环境下的公文管理、政府信息公开，以及公文生命周期理论、文件连续体理论、公文双重价值理论等的研究、探讨，将公文学理论研究推向深入。

为推动和规范我国公文工作的开展，党和政府颁发了一系列法规公文，明确了公文工作的原则、制度、方法和组织体系。在此前提下，我国公文学理论研究有了进一步发展。研究人员数量增长，研究水平不断提升。

第二节　公文学研究对象、范围与学科性质

公文学研究不仅是公文、公文工作本身发展的需要，更是社会建设和发展的需要。公文学研究对我国公文与公文工作展开理性审视与深入思考，促进公文与公文工作的科学发展。公文工作是各机关必不可少的工作内容之一，公文学研究探索公文和公文工作客观规律，指导公文工作实践在党和国家法规公文的框架内运行，提高公文工作的效率，推动全国各级各类机关公文工作的规范发展。公文工作能力是文秘、档案人员的基本技能，公文学的研究为现代办公室工作培育大批具有现代理论知识的公文工作人员，关系到国家建设的可持续发展。

一、公文学研究对象

公文学的发展，以公文和公文工作的实践为起点；公文学的研究，以公文和公文工作的实践为基础。

公文是国家意志的表现，也是管理国家、处理政务以及记载各种事项的最常用、最基本的工具。2012 年中共中央办公厅、国务院办公厅制定颁布我国公文与公文工作方面的纲领性公文《党政机关公文处理工作条例》，主要内容可以归纳为公文与公文工作两大方面，第一章总则指出"机关公文是党政机关实施领导、履行职能、处理公务的具有特定效力和规范体式的公文，是传达贯彻党和国家的方针政策，公布法规和规章，指导、布置和商洽工作，请示和答复问题，报告、通报和交流情况等的重要工具"，并对公文的种类、适用范围以及公文格式作出了具体规定。

公文工作就是运用公文这一工具，对机关工作进行处理和管理的一项工作。自从人类社会出现阶级和国家之后，统治阶级就利用公文发号施令、记录政务。现代社会中，党和国家的方针、政策，上级机关的工作意图、决策精神，下级机关的请求事项、情况反馈，机关之间工作的协调、联系，人民群众的意见和要求等，都通过公文和公文工作传递并实现。《党政机关公文处理工作条例》对公文工作包括行文规则、处理程序、公文管理的原则、制度等进行了规范。

二、公文学研究范围

公文学研究中，应适应社会发展形势，尊重公文与公文工作的客观规律，基于实践展开探索，认识与掌握公文工作的理论、原则、方法。下列内容应属公文学的研究范围：

（1）公文学学科研究：包括公文学涉及的概念、对象、研究范围；公文学的产生、发展；学科性质、相关学科关系等。

（2）公文研究：包括公文的形成与发展、公文的概念、性质、作用、特点等；各种文种及其适用范围、公文撰写、文种间的区别；公文的规范格式与要求；公文的各种稿本等。

（3）公文工作研究：包括公文工作沿革；公文工作特性、功能及原则等；公文处理的各个业务环节；公文的后期处置及公文整理与归档的组织、方法与步骤等。

（4）公文工作管理与规范研究：包括 2012 年中共中央办公厅、国务院办公厅制发《党政机关公文处理工作条例》、2012 年国家质量监督检验检疫总局、国家标准化管理委员会发布的国家标准《党政机关公文格式》（GB/T 9704-2012）、2015 年国家档案局发布《归档公文整理规则》、2020 年国家市场监督管理总局、国家标准化管理委员会发布的国标《党政机关电子公文归档规范》（GB/T 39362-2020）等有关标准和规范在公文工作中的规范落实。

本教材所指"公文"，主要是机关及其他社会组织中形成和使用的公务公文，尤指 2012 年《党政机关公文处理工作条例》所规定的 15 种法定公文文种。

三、现代公文学的学科性质

公文学是一门独立的学科，是对机关、团体、企事业单位的公文和公文工作实践进行系统的研究，对公文、公文工作的发展规律进行探索和总结的一门学科。具有其特有属性：

（一）应用性

公文学最显著的特征即应用性。公文、公文工作实践是公文学研究的认识过程和实践基础。公文学从公文、公文工作实践中产生，揭示公文和公文工作的内在联系和固有规律，研究公文与公文工作中的"5W1H"。其研究成果受工作实践的检验，指导和推动公文和公文工作实践，对机关工作具有实际应用价值，这些都决定了公文学课程具有很强的应用性特征。因此，本课程的研究与学习尤其应关注公文与公文工作最新发展动态，注重紧密联系工作实际，培养学生胜任各类单位的公文工作。

（二）规范性

为指导全国各级机关公文工作的规范开展，我国党和政府颁发了一系列公文工作方面的法规性公文，逐步形成了公文工作规范体系，并根据形势发展需求更新修订相应的条款、补充缺位的规范与标准。公文学理论研究必须严格遵循国家发布的最新法规和标准及时更新，切实保证研究成果的准确性、规范性。因此，本课程的研究与学习应以国家最新颁布的规范和国标为准绳，将教学内容纳入相关法规指导框架下，紧密联系国家标准与规范。

（三）发展性

政治经济体制改革及科学技术的突飞猛进对公文工作的影响日益增大，为公文工作带来机遇的同时也提出了挑战。电子公文的广泛应用，大大提升了公文工作的效率与现代化程度，同时，公文工作组织形式、工作流程与操作方式改革应顺应这种发展而相应变革，而且，这种发展与变革将成为常态。因此，本课程的研究与学习应具备创新理念，不断丰富与促进公文学理论与实践的发展。

第三节　现代公文学与相关学科

现代公文学是社会科学中一门独立的学科。在社会科学的各个知识体系里，公文学与公文写作学、档案管理学以及秘书学相互联系、相互渗透，关系最为紧密。因此，在研究现代公文学时，有必要了解其与这些学科的关系。

一、与公文写作学的关系

现代公文学与公文写作学的主要研究对象均是公文，但两者研究的范围和重点是有差异的。公文写作是一门研究公文文体、写作活动及其规律的学科，属应用理论的范畴。其研究的内容主要有公文文体知识、公文写作规律、方法及其训练等。公文写作在现代公文学中也涉及，但仅仅是作为公文形成的一个必不可少的环节来介绍的，而现代公文学是研究阐述关于公文从形成、处理到管理即公文的"一生"的学科。因此，现代公文学相对于公文写作学是总体与部分的关系，它们既相互关联又各自独立。

二、与档案学的关系

档案学是揭示档案工作的性质、方法和发展规律，包括档案资源的开发、利用及管理的学科。现代公文学是揭示公文的性质、作用、特点、类型和格式，探索公文形成与处理的规律，研究科学处理与管理公文的理论、原则、技术与方法的学科。因此，现代公文学与档案学是密切相关的两门独立学科。

公文与档案同出一源，是同一事物的不同阶段。因而公文与档案的关系十分密切，公文是档案的前身，是档案的主要来源，档案是公文的主要归宿。公文是现行机关工作中正在运转使用、未经整理归档，具有现实效用的公文材料；档案是已办理完毕的具有查考保存价值即具有历史效用、已归档的公文材料。虽然公文工作与档案工作都是以公文材料为对象，但由于处于不同的阶段，故公文工作是档案工作的基础，公文工作的质量直接影响着档案工作的质量。

三、与秘书学的关系

秘书学是以秘书工作为对象，系统地研究秘书工作的现象及其规律的一门学科。公文学与秘书体系中的秘书实务关系更为密切，这两者都属于应用理论的范畴，只是研究的对象有差别，前者以公文、公文工作为主要研究对象，后者则以秘书业务活动及其规律为主要研究对象。秘书实务包括文字工作、办文工作、会议工作、信息工作、调研工作等内容，工作的重点是为领导服务，辅助领导决策并使之得到贯彻落实。而现代公文学则围绕着公文展开，从公文出发，按照公文处理程序，协调整个单位的公文工作，通过公文的拟制、处理、管理等一系列程序，既为领导服务，也为整个机关服务。公文工作人员和机构通常是秘书人员与秘书机构的一部分。公文学与秘书学有相互交叉的关系，但它们又是两门独立的学科。

此外，公文学与行政管理学、办公室管理等学科也有着十分密切的关系。

第二章 公文概述

公文是党政机关实施领导、履行职能、处理公务的工具，也是公文学研究的起点和主要内容之一。

第一节 公文演变

公文作为政权统治、国家管理的重要工具和手段，是适应社会发展需要的必然产物。

一、公文产生的条件

(1) 文字的出现。公文的形成以成熟统一的文字为必要条件。我国是世界四大文明发源地之一，中华民族的象形文字历史悠久。有人认为早在四千多年前夏代初期我国就已经有了文字，这还需要更多的考古资料的进一步证明。目前普遍认为距今3600多年前商朝的殷墟甲骨文是中国已发现的古代文字中时代最早、较为完整的文字。

(2) 社会组织的形成。公文的形成以社会组织的形成与运行为充分条件。公共事务的管理、组织分工的出现，尤其是宗教祭祀活动等，对占卜公文的产生提出要求。今天从甲骨文中看到的殷商公务公文，都是关于战争的胜负、生产的丰歉、天时的吉凶等官方公文，表明在国家管理及社会交往中，公文的使用不可或缺。

二、公文文种的演进

商朝时期殷墟甲骨公文已具有一定的结构和格式，一篇完整的卜辞大致包括前辞、命辞、占辞和验辞四个部分。辞句比较固定，字数一般在90字左右，而且，甲骨公文还有署名。

《尚书》所录关于周朝的六种公文文种：典、谟、训、诰、誓、命。此外，公文的结构也复杂了，有一定的程式，篇幅比殷商时期大得多。

春秋战国是我国历史上一个大变革的时代，出现了一些以战争为主要内容的公文种类：檄文、移书、玺书、盟书、上书。除此之外，还有会计公文等。

秦始皇统一六国后，为控制全国，加强政令的畅通发布，公文的数量、种类都大大增加，公文空前地发展起来。对公文的名称、用途、格式等作了严格规定，皇用公文为制、诏，臣用公文为奏。

两汉时期，除奏外又增加了皇用公文策、戒，臣用公文章、表、驳议（议）。《文心雕龙》解释：章以谢恩，奏以按劾，表示陈情，议以执异。

魏晋南北朝时期的公文基本上沿用秦汉时期。公文种类又增加了类似于表、奏的"启"。官府之间，下级给上级的公文称"牒"，平行机关之间公文称"移"或"刺"。

唐朝将公文明确分为上行文、下行文、平行文三种。上之所以逮下，其制有六：曰制、敕、册、令、教、符；凡下所以逮上，其制亦有六：曰表、状、笺、启、辞、牒；凡诸司自相质问，其义有三：曰关、移、刺。

宋朝御用公文增加了"御札""敕榜"。臣子给皇帝的上行公文有子（札子）、封事等。机关之间下行公文称"帖"，上行公文称"申状"，平行公文又增"咨"。

元朝时皇帝颁下的诏令性公文用"圣旨"。其余大多沿用以往朝代的公文名称。明朝公文文种很繁复，其中题本为明代首创，"凡内外各衙门，一应公事用题本；其虽系公事而循例奏报俱用奏本"。

清朝的公文种类已发展到上百种，其中奏折是一种直接进呈于皇帝，并由皇帝亲笔批答，不经内阁票拟和批红的密奏公文。

总之，在我国古代，公文作为管理国家的工具，随着国家行政管理内容的复杂化，公文名称、用途在各个时期不断变化更替，体现了统治阶级的管理思想和管理方法，总的发展趋势可概括为：增多—完备—繁琐。

辛亥革命后，南京临时政府于1912年年初颁布了《公文程式令》，废除了几千年来封建意识浓厚的文种，采用"令、咨、呈、示、状"等现代文种。

1921年中国共产党诞生，党的第一批公文随即形成。建党初期，中国共产党采用的主要公文文种有：会议决定、决议、纲领、会议记录、信函、通知、报告等。1931年又增加了中央指示信、命令、条例等文种。

三、公文载体的发展

公文由信息及载体构成。信息可以以文字、符号、曲线以及声音、电磁波等形式表达。载体是承载这些信息的物质，即公文的制成材料。随着经济、科技的发展及人们对公文需求的增长，公文的载体经历了许多不同的阶段。

现存的最早的公文即殷商时期的"甲骨公文"，其载体是龟甲和兽骨。人们将整个龟甲或整根兽骨，通过削刮、磨平，加工成可供书刻的公文载体。

商末，青铜冶炼技术的提高，为"金石公文"的出现提供了条件。商周时期，常将重大政事"书于盘盂、勒于钟鼎"，如西周的《毛公鼎》及一些刑法条文等重要公文铭铸于青铜器上，公示于众。另外有以石为铭刻、记录载体的。

商代之后，竹木以其分量轻、制作容易、书写方便、取材广泛等优势被广泛应用于公文，制成"简牍公文"，简，即窄长形的竹片，也称"札"；牍，是较宽的木片，称"木简"或"木牍"，竹简、木牍作为战国至西晋时期的主要公文载体，一直沿用了数个朝代。"字数较多的公文用几块竹木编起来，字数较少的公文则用单块竹木板写书。几块竹木编起来的谓之策，单块竹木谓之版或牍。"

春秋至秦汉时期，缣帛曾作为公文载体用于书史记事，称为"缣帛公文"。缣即绢，帛则是绸。缣帛质地柔软、坚韧，较竹木更为轻巧、平滑，便于公文的制作、传递和保管，鉴于昂贵，缣帛不能作为普遍使用的公文载体，只用于皇室和重要的官府公文。如敦煌居延发现的帛书及在长沙发掘出的汉代古墓马王堆中的随葬品——古代地形图、《战国纵横家书》等均为皇室和官僚所用的公文。

东汉蔡伦造纸为公文用纸创造了条件。纸张几乎集当时各种载体的优点于一身，给此后公文与公文工作的发展带来了巨大的影响。东晋末期，桓玄下令公文全部用纸书写，纸张就成为唯一的公文书写材料。千百年来，纸张在公文史上发挥了重要作用，目前仍是公文工作中使用的主流载体。

在世界历史上，还有以贝叶、泥版、纸草、羊皮、石材作为公文载体的。

科技高度发达的今天，公文的载体类型更为广泛，非纸质载体愈来愈多地应用于公文。100年前，人们即已研究出把声音贮存在磁性载体磁带中，而图像公文的载体则由照片公文的胶片发展到录像公文的录像磁带和激光式电视唱片等。故今天记录声音公文的载体有唱片、录音磁带、激光唱盘；记录声音以及图像信息的载体有电影胶片、录像磁带和激光视盘等。随着办公自动化的逐步深入，磁介质(软磁盘与硬磁盘等)和光介质(光盘等)的应用已越来越广泛。

第二节　公文涵义与分类

一、公文涵义

2012 年中共中央办公厅、国务院办公厅颁布的《党政机关公文处理工作条例》第三条界定了党政机关公文"是党政机关实施领导、履行职能、处理公务的具有特定效力和规范体式的公文，是传达贯彻党和国家的方针政策，公布法规和规章，指导、布置和商洽工作，请示和答复问题，报告、通报和交流情况等的重要工具"。

上述公文涵义的界定表明，党政机关公文的形成者应为党政机关，其他机构可以参照执行；公文形成背景为在实施领导、履行职能、处理公务活动中产生；公文具有特定的法定效力，体现相关机关依法行使的职权受到法律保护；公文应具备规范的体式，从语言文字到格式、文体都必须严格按照国家颁布的公文格式标准进行拟制；公文具有传达贯彻党和国家的方针政策，公布法规和规章，指导、布置和商洽工作，请示和答复问题，报告、通报和交流情况等功能作用。

二、公文分类

公文分类是学习公文知识、从事公文工作的基础。通常可依据下列公文分类标准进行公文分类：

（1）行文关系：行文关系即制发公文与接收公文机关之间的组织和业务关系。它决定了公文行文方向以及文种的选用，根据行文关系，公文可分为上行文、平行文和下行文。上行文是下级机关向所属上级领导机关和上级业务指导机关所发送的公文。下行文是上级机关对其被领导、被指导下级机关与部门所制发的公文。平行文则是同一组织系统中的同级机关，或不相隶属机关之间制发的公文。

（2）办理时限：公文办理时限的表现形式即紧急程度，《党政机关公文处理工作条例》第九条规定，紧急程度是"公文送达和办理的时限要求。根据紧急程度，紧急公文应当分别标注特急、加急"。急件一般内容重要并紧急，需突破公文办理常规优先处理、迅速传递，须在规定的时限内办理完毕。平件办理则无特殊的时限要求，平件也应注意按要求依次传递、处理，不能久拖不办造成积压。

（3）保密程度：公文保密程度由低到高依次可分为秘密、机密、绝密三个等级。绝密公文涉及最重要的国家秘密，内容如泄露可能对国家利益造成特别重大损害；机密公文涉及重要的国家秘密，内容如泄露可能对国家利益造成重大损害；秘密公文涉及一般的国家秘密，内容如泄露可能对国家利益造成损害。

公文公开与保密是相对的，保密等级通常随时间推移而降低直至解密。有的公文即使没有秘密等级，也并非意味着完全公开，有的公文标明阅读范围为对外公开、限国内公开和内部使用等。

（4）内容属性：根据内容，公文可划分为规范性、领导指导性、呈请性、知照性、商洽性等属性，通常文种名称直接揭示公文的内容属性。

①规范性公文：指要求其成员严格遵守的行为规范的公文。它有较强的政策性、法规性和强制性。包括各种法规、法令和规章，如：章程、条例、规定、办法、细则等。

②领导、指导性公文：指由领导、指导机关及其领导人制发的，用以颁发政令、部署工作、作出批复的公文，需要下级机关认真贯彻执行，如：命令、决定、批复等。

③请示性公文：指由被领导、被指导机关制发的用以汇报工作、反映情况、答复上级询问及请求指示或批准的公文，如报告、请示等。

④知照性公文：指为公布、周知有关事项，及通报情况等制发的公文，如：公告、通告、公报、通知等。

⑤商洽性公文：指为联系工作、商洽事项而制发的公文。如：函。

（5）公文处理：根据公文需要办理情况分为参阅公文和需办公文。前者简称办件，是需按照公文处理程序要求完成承办等完整处理环节的公文，包括需要贯彻执行的上级、需要批答的下级以及平级和不相隶属机关之间商洽性公文等。后者简称阅件，指只需了解情况不需办理的公文，包括报告等。

第三节　公文特点与功能

一、公文特点

公文是公务管理的工具，这是公文最基本的功能，也是公文区别于其他如图书、情报、资料等书面材料的特征。

(一)公文由法定作者制成发布

与其他书面材料不同,公文必须有特定的制作和发布者——法定作者。所谓法定作者,就是指依法成立,并且能以自己的名义行使法定职权和承担义务的机关、团体、企事业单位及其负责人,因此,公文的制发主要以法定机关或组织的名义,也可以以机关或组织领导人——法人代表的名义发布。上述法定作者根据自己的职能和权限制发公文,并对所发公文负责。如《宪法》和《中华人民共和国组织法》规定了全国、地方各级人民代表大会及国务院、地方各级人民政府的职能及其制定、发布公文的权限。

法定作者是公文具有法定权威性和现行效用的前提,任何组织与个人不得假冒其他组织的名义擅发公文,否则将被追究法律责任。

(二)公文具有法定权威性

公文是法定作者行使其法定职权的行为,体现了发文机关的权威和意志。公文的法定权威性由制发机关的合法职权和法律法规章程赋予的权力所决定的。公文的权威性体现在特定的对象范围内,一般有主送机关的公文权威性只针对受文机关等特定对象,而法规性公文则覆盖全体公众。法律既保护发文机关对公文所涉对象的约束力,公文能对特定对象的行为产生强制性影响和其他特定效用,具有遵照执行、周知明晓、办理答复等强制约束力,否则特定对象需承担相应的责任;同时,法律也保护公文针对的特定对象在特定范围的公务活动中具有执行力和凭证功能的权利和义务,公文是受文机关开展工作的依据,具有其他任何形式文献所无法替代的权威。

就公文的法定权威性而言,上级机关公文的权威大于下级机关公文的权威,下级机关公文不应与上级机关公文发生矛盾。

(三)公文具有法定现实效用

公文体现了制文机关意图,有特定的法定效用,任何公文都会有时效性或称有效期限制。各类公文时效性的长短并不一致,通常请示性和报告性公文的时效性则相对较短,以保证工作效率,而法规性公文的时效性相对较长,法规性公文一般在最后"附则"中会注明诸如"某某条例(办法)自某年某月某日起即行废止""本条例(办法)自发布之日起施行"等具体时间。谢伦伯格提出的"文件价值理论"揭示了文件的现实效用具有随着时间的推移而降低的规律。

(四)公文有法定的体式结构

公文的体式即文体与格式,是公文所特有的写作及格式要求。为了维护公文的严肃性、权威性,便于公文处理,党和国家有关部门制定和发布了一系列关于公文体式的法规和标准，如 2012 年《党政机关公文处理条例》与《党政机关公文格式》均对公文体式进行统一规范。避免公文体式的多样性、复杂化不仅是当前更好地发挥公文效力所必需，更是实现公文标准化、提高公文本身质量、为公文工作现代化打好基础的必要措施。

（五）公文有法定的处理程序

由于公文在国家各级组织公务管理中具有重要作用，为保证公文的有效性，提高公文处理工作的质量和效率，2012 年《党政机关公文处理条例》对公文的处理原则、要求、程序流程等都作了具体规定，无论公文制发还是收文办理，都必须按照上述规定办理，任何人不得违反规定而擅自处理公文。这体现了国家对公文工作规范化、制度化、科学化的要求，也是公文具有权威性、现实和历史效用的基础条件。

二、公文功能与作用

公文的本质属性是工具。基于公文拥有上述与其他形式的信息记录显著区别的特点，公文具备了在公务活动中有效记录、传递和存储具有权威性、凭证性公务信息的独特优势，在各机关单位中被广泛使用，在社会生活各个领域公务活动中发挥其基本功能和作用。

（一）公文功能

1. 公文是公务管理工具

公务管理工具是公文的首要功能。公文是人们在社会活动中直接产生，用以表达管理意图、交流工作信息、处理公务问题的原始文献材料。各机关组织履行职能中公文不可或缺，制发公文是实施领导与管理的基本手段。党和国家的方针、政策，上级组织的指示、决定，下级组织的请示及人民群众的意见和要求等，大多通过公文来传递、交流。

2. 公文是信息沟通工具

机关组织在公务管理的同时，不可避免地需要在机关单位之间、机关单位内部、机关单位与民众之间上传下达、左右沟通信息，公文是机关组织在公务活动中记录、传递和贮存信息的重要工具。

（二）公文作用

1. 法规规范作用

首先，公文所具备的特点，决定了其具有法规规范作用。公文一经制定和发布生效，即在它的有效范围内具有强制性和约束力。国家法律保障公文法规的权威性。其次，有些公文本身与法规密切相关。法规性公文成为人们行为的规范，在其有效范围内，必须人人遵守，在没有经过一定的法定程序做出修改以前，其法规作用始终有效。

2. 领导指导作用

公文是上级对下级工作活动进行具体领导、指导的工具。无论是党的机关还是行政机关，从中央到地方的各级组织机构通常通过制发公文行使职权，把党和国家的路线、方针、政策及本组织机构的决策意图体现出来并部署、传达下去。上级机关组织的公文，具有政策性、权威性，遵循、贯彻公文精神，是各组织机构重要工作内容之一。

3. 宣传教育作用

公文中所承载的信息，是党和国家方针、政策及上级组织决策意图的真实体现。公文的宣传教育作用相对于其他形式的文字材料更具有直接性和权威性。无论以何种形式发布的公文，都是公众了解政策、意图的最权威依据，使广大人民群众充分拥有"知情权"，体现人民群众的主人翁地位。

4. 信息传递作用

公文制发目的之一就是为让受文组织了解有关信息，明确情况，做好自己的工作。每个机关均有自己的职能范围，它们之间的联系与交流是必不可少的，而公文就成为各组织机构之间信息传递、交流的"使者"，公文传递是上下级之间上情下达、下情上呈和平级之间横向交流的主要途径之一，即公文具有联系、知照作用。

5. 凭证依据作用

公文具有法定的作者、特定效用和权威性，这决定了公文的凭证依据地位是无可动摇的。公文是体现作者意图的第一手材料，是受文单位安排、组织工作活动的依据。有些公文如合同、协议书等本身就是为明确双方的责任和义务而签订的。它们不仅是各组织现行活动的依据，还是历史的真实记录，是档案材料的主要来源。

第三章　公文文种及其撰写

公文文种即公文的名称。公文文种类型繁多、用法各异，与发文目的、行文关系及发文者权限等因素直接相关。

第一节　公文文种及选用

一、公文文种类型

作为公文的名称，公文文种是公文标题不可或缺的重要组成部分，同时，公文文种也是公文性质、用途的直接体现。

国家高度重视党政机关的公文工作，从中华人民共和国成立初期的1951年9月，中央人民政府政务院就发布《公文处理暂行办法》，明确规定了7类12种公文文种。此后，为适应形势的变化发展，于1981年、1987年、1993年及2000年多次修订和调整。

2012年中共中央办公厅、国务院办公厅颁布的《党政机关公文处理工作条例》规定的党政机关公文文种有：决议、决定、命令(令)、公报、公告、通告、意见、通知、通报、报告、请示、批复、议案、函、纪要，共15种，各级机关、单位必须严格按照国家规定正确使用。

二、正确使用公文文种的意义

公文文种的选用，是各机关日常工作中经常性工作，正确选用文种是公文人员必须掌握的基本功。公文一旦颁布，便体现发文机关的权力、意图，如果文种选用失当，不但影响工作的顺利进行，而且会带来极其严重的后果。正确使用文种意义非常重大：

(一)是公文写作规范化的基础

公文拟写不同于一般文字材料的写作，不同公文文种有不同的写作特点和要求，各机关应当根据情况选用准确的公文文种。只有正确使用公文文

16

种，才能根据该文种写作特点和要求，规范地采用相应的文体，准确表达公文主旨，从而优化撰写质量，为达成公文发文目的奠定基础。

(二)是提高公文处理效率的要求

不同公文文种的处理方式不同，文种能揭示公文的性质与发文机关的意图，是受文机关采用适当处理方式的依据。只有正确使用公文文种，才能及时、准确地处理公文，提高公文处理和运转效率。

(三)是维护公文严肃性、权威性和有效性的保证

各文种有其不同的性质、特点和用途，党和国家以法规公文的形式予以固定下来，体现了公文的严肃性、权威性和规范性。正确使用公文文种，就是对公文严肃性和法定权威的有效维护，有助于公文工作制度化和规范性。因此应克服随意性，遵循规则，提高公文文种使用的准确性。

三、正确选择公文文种的依据

选择恰当文种有法定规范可依、有规律可循。归纳起来，主要应以下列四个因素为选择依据：

(一)行文关系

基于公文，收发机关之间形成了行文关系，机关之间的行文关系和行文方向取决于隶属关系和职权范围，收发文机关之间的行文关系可归纳为隶属关系、业务指导关系、平行关系和不相隶属关系4类。确定行文关系与行文方向后，进而便可明晰公文文种的选择范围。因此，选用文种时，应严格按照行文关系，在相应的文种范围内，选择恰当文种。如平级机关行文时，必须在平行文文种中选择。

(二)行文目的

制发公文都为解决一定的问题、达到某一意图，即有特定目的，应根据发文目的选择与之匹配的公文文种。发文目的是发文机关考量选用公文文种的依据，同时也是收文机关准确理解发文机关行文目的的根据，导致收文机关对不同文种的公文作出不同的处理。因此，文种的准确选用，有利于收文机关对收文的正确处理，从而完美达成发文目的。

(三)机关权限

在整个社会场域中，每个机关都有自己特定的位置并拥有一定的职权范围，即机关权限不同。而机关权限直接关系到公文文种的选用，为体现发文机关的权威和法定效用，一些公文文种的拟制和发布有一定的级别和职权限制，因此，行文时要在发文机关权限范围内选择适当的文种，否则行文无效。

(四)国家规定

选用文种应以国家法规为准绳。目前,《党政机关公文处理工作条例》对公文的名称、适用范围作了明确规定,各级机关应领会条例精神,正确把握各种公文适用范围,在选用文种时,严格遵循,避免误用。

第二节　公文文种应用与撰写

2012年中共中央办公厅、国务院办公厅颁布的《党政机关公文处理工作条例》规定了党政机关法定公文文种共15种,并对每种文种的适用范围进行明确规定。各级机关、单位必须严格按照条例规定的适用范围正确使用,其他机关和单位可以参照执行。

一、决议

(一)决议的适用范围

《党政机关公文处理工作条例》规定:决议"适用于会议讨论通过的重大决策事项"。

决议都必须具有经过一定会议讨论并通过才能完成的程序,因此决议是集体意志的体现。决议是对某些重大事项做出的决定,要求在一定范围内贯彻执行的公文。

(二)决议的特点

1. 程序严格。决议的形成必须经一定会议讨论、审议,并通过多数与会者表决赞成方可生效。因此决议是集体意志的体现。不经会议再次讨论,任何人无权修改决议内容。

2. 内容重要。决议事项是上级机关对某些重要事项的处理,非关系重大的原则性问题,一般不使用决议。

3. 有权威性和约束力。决议经严格的程序而产生、生效,要求下级必须贯彻执行,具有权威性和约束力。

(三)决议的撰写

标题:会议全称+事由+决议

题注:(××年××月××日会议讨论通过),决议须经会议讨论通过,此项必须标注。

正文:开头+主体+结尾

开头：决议引据，通常用简要的语言阐明通过决议的程序和缘由(在什么会议上审议了什么公文)。这部分必不可少，因为它反映了决议的法定性，也决定了决议的权威性。

主体：决议事项，主要包括以下方面：一是对审议批准公文的简单摘要或批准事项的必要评价和说明；二是对这项决议前期所做具体工作的回顾总结；三是对今后工作部署安排及阐明这项工作所具有的意义。由于主体部分内容比较丰富，通常应分段展开阐述，段首常用"会议指出""会议认为""会议决定"等惯用语领起。

结尾：会议号召，提出希望和号召，鼓舞和提振士气。

【例文】

全国人民代表大会常务委员会关于批准2021年中央决算的决议

(2022年6月24日第十三届全国人民代表大会常务委员会第三十五次会议通过)

第十三届全国人民代表大会常务委员会第三十五次会议听取了财政部部长××受国务院委托作的《国务院关于2021年中央决算的报告》和审计署审计长××受国务院委托作的《国务院关于2021年度中央预算执行和其他财政收支的审计工作报告》。

会议结合审议审计工作报告，对2021年中央决算(草案)和中央决算报告进行了审查。会议同意全国人民代表大会财政经济委员会提出的审查结果报告，决定批准2021年中央决算。

二、决定

(一)决定的适用范围

《党政机关公文处理工作条例》规定：决定"适用于对重要事项作出决策和部署、奖惩有关单位和人员、变更或者撤销下级机关不适当的决定事项"。

(二)决定的类型

常用的决定类型有：

1. 安排决定。对重要事项或重大行动做出安排、部署的决定，有很强的导向性和指挥性，下级机关必须贯彻执行。如《中共中央 国务院关于打赢脱贫攻坚战的决定》。

2. 决策决定。较重要事项的决定结果，并传达给有关范围，具有知照性，不要求执行和实施。如《国务院关于取消和调整一批罚款事项的决定》。

3. 奖惩决定。用于传达机关组织对社会和本单位做出重要贡献的先进集体和先进个人的表彰的决定，及处理违法乱纪并造成重大损失的反面人物和事项批评的结果。如《某某大学关于师德标兵的表彰决定》。

(三)决定的性质与特点

决定是一种重要的领导性、指导性公文。

决定具有较强的强制性，用于安排部署工作的决定，内容往往详细具体，以便于遵照执行。

(四)决定与决议的联系与区别

1. 联系

决定和决议都有制约和规范的作用，都具有严肃性和权威性。决定和决议所反映的事项、决策、行动通常都是比较重大或重要的事项。

2. 区别

(1)用途范围不同。决定一般用于具有指挥性、指示性的事项；而决议往往用于宏观性、原则性事项。

(2)形成程序不同。决定依据机关的法定职权，经领导机关或领导人在职权内批准即可作出；决议则依据民主集中制原则，必须经过法定的会议讨论表决通过才能形成。

(3)表述方式不同。决定的表述详尽、具体，具很强操作性，便于贯彻执行，而决议内容则更具原则性和概括性。

决议和决定都是上级机关对重要事项或重大行动做出的安排和决策意见。二者间有密切联系，也有较大区别，容易混淆，应注意区别使用。

(五)决定的撰写

1. 决策部署性决定的写法

决策部署性决定是各级各类机关单位经常使用的对重要事项或重大行动的决策、安排和部署。

标题：发文机关名称+发文事由+决定。

正文：开头+主体

开头：即决定缘由，对某项工作做出重大安排的依据。撰写宜简明扼要，依据要恰当充分。

主体：即决定事项，决策部署性决定的内容比较丰富，既要提出工作任务，又要阐述完成工作任务的政策规定、方法措施等。决定事项的撰写主要需交代开展工作的有关政策原则、执行的事项及有关要求等。这部分涉及内容较多，一般采用分条列项式结构撰写，写作时注意政策规定应用语准确、鲜明，方法措施应易于实施和执行，有关要求应便于把握与领会。

2. 奖惩性决定的写法

奖惩性决定主要用于表彰对社会和本单位做出重要贡献的先进集体和先进个人，批评处理违法乱纪、造成重大损失的反面人物和事项。

标题：发文机关名称+发文事由+决定

正文：开头+主体+结尾

开头：概要介绍先进人物的经历或主要事迹或违法乱纪反面典型事例。

主体：评价事例性质，提出决定事项。

结尾：提出希望、号召，阐明决定的目的和意义。

【例文】

中共中央国务院关于打赢脱贫攻坚战的决定

（2015 年 11 月 29 日）

确保到 2020 年农村贫困人口实现脱贫，是全面建成小康社会最艰巨的任务。现就打赢脱贫攻坚战作出如下决定。

一、增强打赢脱贫攻坚战的使命感紧迫感

消除贫困、改善民生、逐步实现共同富裕，是社会主义的本质要求，是我们党的重要使命。改革开放以来，我们实施大规模扶贫开发，使 7 亿农村贫困人口摆脱贫困，取得了举世瞩目的伟大成就，谱写了人类反贫困历史上的辉煌篇章。党的十八大以来，我们把扶贫开发工作纳入"四个全面"战略布局，作为实现第一个百年奋斗目标的重点工作，摆在更加突出的位置，大力实施精准扶贫，不断丰富和拓展中国特色扶贫开发道路，不断开创扶贫开发事业新局面。

我国扶贫开发已进入啃硬骨头、攻坚拔寨的冲刺期。中西部一些省（自治区、直辖市）贫困人口规模依然较大，剩下的贫困人口贫困程度较深，减贫成本更高，脱贫难度更大。实现到 2020 年让 7000 多万农村贫困人口摆脱贫困的既定目标，时间十分紧迫、任务相当繁重。必须在现有基础上不断创新扶贫开发思路和办法，坚决打赢这场攻坚战。

扶贫开发事关全面建成小康社会，事关人民福祉，事关巩固党的执政基础，事关国家长治久安，事关我国国际形象。打赢脱贫攻坚战，是促进全体人民共享改革发展成果、实现共同富裕的重大举措，是体现中国特色社会主义制度优越性的重要标志，也是经济发展新常态下扩大国内需求、促进经济增长的重要途径。各级党委和政府必须把扶贫开发工作作为重大政治任务来抓，切实增强责任感、使命感和紧迫感，切实解决好思想认识不到位、体制机制不健全、工作措施不落实等突出问题，不辱使命、勇于担当，只争朝夕、真抓实干，加快补齐全面建成小康社会中的这块突出短板，决不让一个地区、一个民族掉队，实现《中共中央关于制定国民经济和社会发展第十三个五年规划的建议》确定的脱贫攻坚目标。

二、打赢脱贫攻坚战的总体要求

（一）指导思想（略）

（二）总体目标（略）

（三）基本原则（略）

三、实施精准扶贫方略，加快贫困人口精准脱贫

（四）健全精准扶贫工作机制。（略）

（五）发展特色产业脱贫。（略）

（六）引导劳务输出脱贫。（略）

（七）实施易地搬迁脱贫。（略）

（八）结合生态保护脱贫。（略）

（九）着力加强教育脱贫。（略）

（十）开展医疗保险和医疗救助脱贫。（略）

（十一）实行农村最低生活保障制度兜底脱贫。（略）

（十二）探索资产收益扶贫。（略）

（十三）健全留守儿童、留守妇女、留守老人和残疾人关爱服务体系。（略）

四、加强贫困地区基础设施建设，加快破除发展瓶颈制约

（十四）加快交通、水利、电力建设。（略）

（十五）加大"互联网+"扶贫力度。（略）

（十六）加快农村危房改造和人居环境整治。（略）

（十七）重点支持革命老区、民族地区、边疆地区、连片特困地区脱贫攻坚。（略）

五、强化政策保障，健全脱贫攻坚支撑体系

（十八）加大财政扶贫投入力度。（略）

（十九）加大金融扶贫力度。（略）

（二十）完善扶贫开发用地政策。（略）

（二十一）发挥科技、人才支撑作用。（略）

六、广泛动员全社会力量，合力推进脱贫攻坚

（二十二）健全东西部扶贫协作机制。（略）

（二十三）健全定点扶贫机制。（略）

（二十四）健全社会力量参与机制。（略）

七、大力营造良好氛围，为脱贫攻坚提供强大精神动力

（二十五）创新中国特色扶贫开发理论。（略）

（二十六）加强贫困地区乡风文明建设。（略）

（二十七）扎实做好脱贫攻坚宣传工作。（略）

（二十八）加强国际减贫领域交流合作。（略）

八、切实加强党的领导，为脱贫攻坚提供坚强政治保障

（二十九）强化脱贫攻坚领导责任制。（略）

（三十）发挥基层党组织战斗堡垒作用。（略）

（三十一）严格扶贫考核督查问责。（略）

（三十二）加强扶贫开发队伍建设。（略）

（三十三）推进扶贫开发法治建设。（略）

让我们更加紧密地团结在以习近平同志为核心的党中央周围，凝心聚力，精准发力，苦干实干，坚决打赢脱贫攻坚战，为全面建成小康社会、实现中华民族伟大复兴的中国梦而努力奋斗。

三、命令

(一)命令的适用范围

《党政机关公文处理工作条例》规定：命令"适用于公布行政法规和规章、宣布施行重大强制性措施、批准授予和晋升衔级、嘉奖有关单位和人员"。

(二)命令的类型

根据命令的适用范围，常用的命令种类包括：

1. 公布令。用于发布法律、法令、法规和规章等重要法规性公文，这是命令最常用的一种用法。国务院以"令"发布的行政法规，一般在新闻媒体上公开发表，不另行文。如习近平总书记签署第七十六号《中华人民共和国主席令》发布《中华人民共和国香港特别行政区基本法附件二香港特别行

政区立法会的产生办法和表决程序》。

2. 行政令。用于宣布强制性行政措施。如《某某县防汛抗旱指挥部关于撤离涉河人员的命令》。

3. 嘉奖令。用于宣布表彰奖励有突出成绩和卓越贡献的有功人员。如《中央军委对军队执行新冠肺炎疫情防控任务全体人员的嘉奖令》。

（三）命令的特点

命令是国家权力的体现，有严格的发文权限要求，《中华人民共和国宪法》和《中华人民共和国各级人民代表大会和地方各级人民政府组织法》等有关法律规定，全国人民代表大会常务委员会、委员长，国家主席，国务院和国务院总理，国务院各部委及其部长、主任，地方各级人民政府和各级人民代表大会，才有权力发布命令。其他各种企事业单位、党团组织和社会团体，均无权发布命令(令)。因此，命令具有极强的权威性和显著的强制性。一旦命令发出，受令者必须绝对服从、坚决执行，做到"令行禁止"。命令还具有很强的时间性特点。

（四）命令的撰写

发布令的写法：

标题：发文单位+命令(令)；或领导人职务+令。

正文：包括发布公文名称、发布依据(如通过的会议及时间等)或发布机关名称、发布日期、生效日期等。一般篇幅非常简短，语言精炼。

落款：签署式，即签署命令的负责人的职务+姓名。

【例文】

中华人民共和国主席令

第七十六号

《中华人民共和国香港特别行政区基本法附件二香港特别行政区立法会的产生办法和表决程序》已由中华人民共和国第十三届全国人民代表大会常务委员会第二十七次会议于 2021 年 3 月 30 日修订通过，现将修订后的《中华人民共和国香港特别行政区基本法附件二香港特别行政区立法会的产生办法和表决程序》予以公布，自 2021 年 3 月 31 日起施行。

中华人民共和国主席 习近平

2021 年 3 月 30 日

四、公报

(一)公报的适用范围

《党政机关公文处理工作条例》规定：公报"适用于公布重要决定或者重大事项"。

(二)公报的类型

1. 会议公报。用以报道重要会议或会谈情况的公报。如《中国共产党第十九届中央委员会第七次全体会议公报》。

2. 事项公报。用以公布重大情况、重大决策、重要事项的公报。如《中华人民共和国2021年国民经济和社会发展统计公报》。

3. 联合公报。用以公布国家、政党、政府之间重大问题或重大事件达成一致意见后，所联合签署发布的公报。如《中华人民共和国和尼加拉瓜共和国关于恢复外交关系的联合公报》。

(三)公报的特点

公报是高级领导机关向国内外公开发布重要会议、重要决定和重大事项时使用，具有很高的权威性。此外，公报还常常用于在报刊、广播、电视、互联网上发布近期重要情况和重大事项，具有新闻性。联合公报要在正文之后写明双方签署人的身份、姓名、日期，并写明签署地点。

(四)公报的撰写

会议公报的结构与写法：

标题：会议名称+公报；会议公报或会议新闻公报。

题注：会议公报通常在标题下以括号注明××时间、××会议讨论通过。

正文：开头+主体+结尾。

开头：说明会议情况。

主体：是公报的核心部分，应写明所公布的重要决定或者重大事项。

结尾：可提出希望、要求，发出号召；或针对存在的问题提出相应的建议；或不加结尾。

【例文】

中国共产党第十九届中央委员会第七次全体会议公报

(2022年10月12日中国共产党第十九届中央委员会第七次全体会议通过)

中国共产党第十九届中央委员会第七次全体会议，于 2022 年 10 月 9 日至 12 日在北京举行。出席全会的有中央委员 199 人，候补中央委员 159 人。中央纪律检查委员会委员和有关负责同志列席会议。全会由中央政治局主持。中央委员会总书记习近平作了重要讲话。全会决定，中国共产党第二十次全国代表大会于 2022 年 10 月 16 日在北京召开。

全会听取和讨论了习近平受中央政治局委托作的工作报告。全会讨论并通过了党的十九届中央委员会向中国共产党第二十次全国代表大会的报告，讨论并通过了党的十九届中央纪律检查委员会向中国共产党第二十次全国代表大会的工作报告，讨论并通过了《中国共产党章程(修正案)》，决定将这 3 份文件提请中国共产党第二十次全国代表大会审查和审议。习近平就党的十九届中央委员会向中国共产党第二十次全国代表大会的报告讨论稿向全会作了说明，王沪宁就《中国共产党章程(修正案)》讨论稿向全会作了说明。

全会充分肯定党的十九届六中全会以来中央政治局的工作。一致认为，一年来，面对复杂严峻的国际环境和艰巨繁重的国内改革发展稳定任务，中央政治局全面贯彻习近平新时代中国特色社会主义思想，团结带领全党全军全国各族人民，弘扬伟大建党精神，坚持稳中求进工作总基调，落实疫情要防住、经济要稳住、发展要安全的要求，统筹新冠肺炎疫情防控和经济社会发展，统筹发展和安全，毫不放松抓好常态化疫情防控，推动高质量发展，深化改革开放，发展全过程人民民主，加强宣传思想文化工作，突出保障和改善民生，推进生态文明建设，加快国防和军队现代化步伐，积极开展中国特色大国外交，推进全面从严治党，成功举办北京冬奥会、冬残奥会，隆重庆祝香港回归祖国 25 周年，坚决开展反分裂、反干涉重大斗争，妥善应对乌克兰危机带来的风险挑战，着力保持平稳健康的经济环境、国泰民安的社会环境、风清气正的政治环境，推动党和国家各项事业取得新的重大成就，为召开党的第二十次全国代表大会创造了良好条件。

全会总结了党的十九大以来 5 年的工作。一致认为，党的十九大以来的 5 年，是极不寻常、极不平凡的 5 年。5 年来，以习近平同志为核心的党中央高举中国特色社会主义伟大旗帜，全面贯彻党的十九大和十九届历次全会精神，坚持马克思列宁主义、毛泽东思想、邓小平理论、"三个代表"重要思想、科学发展观，全面贯彻习近平新时代中国特色社会主义思想，团结带领全党全军全国各族人民，统揽伟大斗争、伟大工程、伟大事业、伟大梦想，统筹推进"五位一体"总体布局，协调推进"四个全面"战略布局，统筹新冠肺炎疫情防控和经济社会发展，统筹发展和安全，坚持稳中求进工作总基调，全力推进全面建成小康社会进程，完整、准确、全面贯彻新发展理念，着力推动高质量发展，主动构建新发展格局，蹄疾步稳推进改革，扎实推进全过程人民民主，全面推进依法治国，积极发展社会主义先进文化，突出保障和改善民生，集中力量实施脱贫攻坚战，大力推进生态文明建设，坚决维护国家安全，防范化解重大风险，保持社会大局稳定，大力度推进国防和军队现代化建设，全方位开展中国特色大国外交，全面推进党的建设新的伟大工程。如期打赢脱贫攻坚战，完成全面建成小康社会的历史任务，实现第一个百年奋斗目标，迈上全面建设社会主义现代化国家新征程，向第二个百年奋斗目标进军。隆重庆祝中国共产党成立100周年、中华人民共和国成立70周年，制定第三个历史决议，在全党开展党史学习教育，号召全党学习和践行伟大建党精神。坚持人民至上、生命至上，开展抗击新冠肺炎疫情人民战争、总体战、阻击战，最大限度保护了人民生命安全和身体健康。依照宪法和基本法有效实施对特别行政区的全面管治权，落实"爱国者治港"原则，香港局势实现由乱到治的重大转折。坚持一个中国原则和"九二共识"，展示了我们维护国家主权和领土完整、反对"台独"的坚强决心和强大能力。坚持国家利益为重、国内政治优先，保持战略定力，发扬斗争精神，在斗争中维护国家尊严和核心利益，牢牢掌握了我国发展和安全主动权。5年来，以习近平同志为核心的党中央审时度势、守正创新，敢于斗争、善于斗争，团结带领全党全军全国各族人民有效应对严峻复杂的国际形势和接踵而至的巨大风险挑战，以奋发有为的精神把新时代中国特色社会主义不断推向前进，攻克了许多长期没有解决的难题，办成了许多事关长远的大事要事，推动党和国家事业取得举世瞩目的重大成就。

全会强调，党的十九大以来5年党和国家事业的重大成就，是在以习近平同志为核心的党中央坚强领导下、在习近平新时代中国特色社会主义思想指引下全党全国各族人民团结奋斗取得的。党确立习近平同志党中央的核心、全党的核心地位，确立习近平新时代中国特色社会主义思想的指导地位，反映了全党全军全国各族人民共同心愿，对新时代党和国家事业发展、对推进中华民族伟大复兴历史进程具有决定性意义。全党要深刻领悟"两个确立"的决定性意义，增强"四个意识"、坚定"四个自信"、做到"两个维护"，更加紧密地团结在以习近平同志为核心的党中央周围，全面贯彻习近平新时代中国特色社会主义思想，踔厉奋发、勇毅前行，为全面建设社会主义现代化国家、全面推进中华民族伟大复兴而团结奋斗。

全会总结了党的十九届中央纪律检查委员会的工作。一致认为，在以习近平同志为核心的党中央坚强领导下，各级纪律检查委员会忠实履行党章赋予的职责，坚决贯彻党的自我革命战略部署和全面从严治党战略方针，持之以恒落实中央八项规定精神，严明政治纪律和政治规矩，坚决维护党中央权威和集中统一领导，强化政治监督，深化政治巡视，推动落实全面从严治党政治责任，整治群众身边的不正之风和腐败问题，一体推进不敢腐、不能腐、不想腐，推动反腐败斗争取得压倒性胜利并全面巩固，完善党和国家监督体系，深化纪检监察体制改革，提高规范化法治化正规化水平，建设忠诚干净担当的纪检监察队伍，纪检监察工作高质量发展取得新成效。

全会按照党章规定，决定递补中央委员会候补委员马国强、王宁、王伟中为中央委员会委员。

全会审议并通过了中共中央纪律检查委员会关于傅××、沈××……严重违纪违法问题的审查报告，确认中央政治局之前作出的给予傅××、沈××……开除党籍处分，给予李×撤销党内职务处分。

全会分析了当前形势和任务，深入讨论了新时代新征程坚持和发展中国特色社会主义、全面建设社会主义现代化国家的若干重大问题，为召开党的第二十次全国代表大会作了充分准备。

五、公告

(一)公告的适用范围

《党政机关公文处理工作条例》规定：公告"适用于向国内外宣布重要事项或者法定事项"。

(二)公告的类型

1. 重要事项公告。由国家权力机关向国内外宣布国内发生的重大事项、党和国家及其领导人的重要活动、具有国际影响的重大事件，如公布国家领导人出访、外国国家元首来访等。还可用于公布国家重要事项、统计数据或重大科技成果等，如《全国人民代表大会常务委员会关于撤销成××第九届全国人民代表大会常务委员会副委员长职务的公告》。

2. 法定事项公告。由政府及其有关职能部门根据有关法规、法令，并按法定程序发布。如商标公告、破产公告以及开庭公告、判决公告、强制执行公告等。这类公告具有法律效力，如《厦门海事法院船舶拍卖公告》。

(三)公告的特点

公告有严格的使用范围，一般用于国家权力机关、较高级别的行政机关及其所属部门，还可用于检察院、法院等法定机关。公告是国家领导机关的重要文告，具有消息性、庄重性，法定机关的公告具有法定性。公告具有周知性、新闻性特点，通常通过新闻媒体、网络等方式向国内外发布。应注意公告与通告、通知等文种的区分使用。

（四）公告的撰写

标题：发文机关+公告；发文机关+事由+公告；事由+公告；公告。

正文：开头+主体+结尾。

开头：写明公告的依据、缘由或目的。

主体：写明要公告宣布的重要事项或者法定事项。

结尾：大多以"特此公告""现予公告"等结语收尾；也可不加结尾。

【例文】

全国人民代表大会常务委员会关于撤销
成××第九届全国人民代表大会常务委员会
副委员长职务的公告

鉴于成××无视国家法律、滥用职权、收受巨额贿赂，谋取非法利益，其违法情节特别严重，已丧失了作为全国人民代表大会代表的基本条件，广西壮族自治区人民代表大会常务委员会于2000年4月21日通过决定，罢免成××的第九届全国人民代表大会代表职务。根据《中华人民共和国全国人民代表大会和地方各级人民代表大会选举法》第48条的规定，"县级以上的各级人民代表大会常务委员会组成人员，全国人民代表大会和省、自治区、直辖市、设区的市、自治州的人民代表大会专门委员会成员的代表职务被罢免的，其常务委员会组成人员或者专门委员会成员的职务相应撤销，由主席团或者常务委员会予以公告"，全国人大常委会决定撤销成××的第九届全国人民代表大会常务委员会副委员长职务。

特此公告。

第九届全国人民代表大会常务委员会
二○○○年四月二十五日

六、通告

(一)通告的适用范围

《党政机关公文处理工作条例》规定：通告"适用于在一定范围内公布应当遵守或者周知的事项"。

(二)通告的类型

1. 周知性通告。将某项需在一定范围内周知的事项告知有关组织和群众，一般各级各类组织都可使用，使用相当广泛。如迁址、交通管理、税务等事项中经常使用这种通告。如《××市关于2022年调整本市退休人员基本养老金的通告》。

2. 法规性通告。主要由各级权力机关、行政机关及司法机关以通告的形式发布在一定范围内必须遵守事项的公文。具有较强的行政约束力和强制性。如《××市公安局关于摩托车驾驶员必须戴安全头盔的通告》。

(三)通告的特点

1. 规范性。通告通常是对某些事项做出规定或限制，往往是方针、政策在一定范围和某些事项上的具体体现，相关人员必须遵行。

2. 广泛性。通告的内容广泛，可以是国家的法令、政策，也可以是社会生活中的具体事务。通告的使用单位广泛，从高层领导机关、职能机构，到基层单位都可以使用。通告具有较高使用频率。

3. 周知性。通告一般不涉及保密，大多通过新闻媒体、网络或公共场所张贴的方式直接传送、公开发布。近年来，为便于扩大周知对象，还大量发布于社交媒体移动端。

4. 具体性。通告一般只针对社会生活的某一方面，较为专一、具体，内容事项清晰明确，便于贯彻执行。

(四)通告的撰写

标题：发文机关+事由+通告；发文机关+通告；事由+公告；通告。

正文：开头+主体+结尾。

开头：通告缘由，阐述制发本通告的背景、目的。

主体：通告事项，通告事项的内容，需写清楚应遵守或者周知的事项。一般内容较丰富的通告可采用条款式结构，内容较少的事务类的通告，则采用一段式结构即可。要求用语具体明确，注意应阐述到位，不产生歧义，以便于执行。

结尾："特此通告"做结尾语，也可根据具体情况省略结尾语。

【例文】

××市关于2022年调整本市退休人员基本养老金的通告

根据两部《关于2022年调整退休人员基本养老金的通告》(人社部发〔2022〕27号)，经××市同意，从2022年1月1日起调整本市企业和机关事业单位退休人员基本养老金。现将有关事项通告如下：

一、调整范围

2021年12月31日前已按相关法规办理退休手续并按月领取基本养老金的退休人员。

二、调整方法

(一)每人每月增加60元。

(二)按本人缴费年限(含视同缴费年限)，每满1年每月增加1元，增加额不足15元的，补足到15元。

(三)按本人2021年12月份按月领取的基本养老金为基数，每月增加1.9%(增加额尾数不足一角的，见分进角)。

(四)2021年12月31日前年满70周岁的人员，按下述方法增加基本养老金：年满70周岁不满75周岁(1947年至1951年期间出生)的人员，每人每月增加25元；年满75周岁不满80周岁(1942年至1946年期间出生)的人员，每人每月增加35元；年满80周岁(1941年及以前出生)的人员，每人每月增加45元。

(五)2021年当年内女年满60周岁(1961年出生)、男年满65周岁(1956年出生)的人员，每人每月增加150元。

(六)我国成立前参加革命工作并符合原劳动人事部劳人险〔1983〕3号文相关法规享受原工资100%退休费的老工人、两航起义人员、持有中国海员工会核准颁发起义船员证书的招商局驾船起义人员，按上述相关法规增加基本养老金后，每人每月再增加200元。

三、资金列支

按本通告增加基本养老金所需费用，凡参加本市企业养老保险的，由企业基本养老保险基金列支；凡参加本市机关事业单位养老保险的，由机关事业单位基本养老保险基金列支。

四、实施时间

本通告自 2022 年 7 月 12 日起实施，有效期至 2022 年 12 月 31 日。

××市人社局

2022 年 7 月 11 日

七、意见

(一)意见的适用范围

《党政机关公文处理工作条例》规定：意见"适用于对重要问题提出见解和处理办法"。

(二)意见的类型

1. 指示性意见。主要对重大问题提出指导性见解和政策性措施，对下级机关布置工作，阐明工作活动的原则、要求等，有指示的功能。如《国务院办公厅关于加快推进"一件事一次办"打造政务服务升级版的指导意见》。

2. 建议性意见。向上级反映情况，对现实重要工作提出见解和处理改进的建议和设想，供上级或主管部门决策时参考。往往是发文机关受本单位职权所限，而请求上级机关批转相关机关执行时所用的文种。如《关于进一步发展假日旅游的若干意见》。

(三)意见的特点

1. 多向性。意见的行文方向可以是上行文，也可以是平行文或下行文。作为上行文，应按请示性公文的程序和要求办理。上级机关应当对下级机关报送的"意见"作出处理或给予答复。作为下行文，文中对贯彻执行有明确要求的，下级机关应遵照执行；无明确要求的，下级机关可参照执行。作为平行文，提出的意见供对方参考。

2. 灵活性。一是行文内容的广泛，各种指示性、计划性、建议性、商洽性等内容均可使用意见发文。二是发文机关极其宽泛，不受发文机关级别高低的限制和机关性质的限制。

3. 指导性。意见要符合上级的方针、政策，又要结合具体实际情况。意见经常用于职能部门在本职业务中提出超出自己职权范围的建议、主张，经上级领导机关批准、同意后，批转给其他相关机关，使意见具备指导性、规范性和行政约束力。

(四)意见的撰写

标题：发文机关+事由+意见；事由+意见。

正文：开头+主体+结尾。

开头：主要概述背景、根据、目的、意义等，然后以"现提出以下意见""特制定本实施意见"等语言承上启下。

主体：这是意见的核心部分，要针对有关问题或工作提出相应的见解、建议或处理办法。内容较单纯集中的，主体部分直接写见解即可；内容繁多的、涉及重要问题或全局性工作的，既要提出总的、原则性的要求，还要提出具体可行的实际操作办法，常采用分条列项的写法。

结尾：上行性意见一般有比较固定的结尾用语，如"以上意见供领导决策参考""以上意见如无不妥，请批转各地区、各部门执行"等；下行性意见可在结尾处用高度概括的语言向受文单位提出贯彻执行要求或发出号召，或以惯用语收尾，如"以上意见，请结合实际情况贯彻执行"等；也可以自然收尾，不加结束语。

【例文】

国务院办公厅关于加快推进"一件事一次办"

打造政务服务升级版的指导意见

国办发〔2022〕32号

各省、自治区、直辖市人民政府，国务院各部委、各直属机构：

优化政务服务是加快转变政府职能、深化"放管服"改革、持续优化营商环境的重要内容，是加快构建新发展格局、建设人民满意的服务型政府的重要支撑。近年来，在深入推进政务服务"一网、一门、一次"改革、"互联网+政务服务"的基础上，一些地区进一步加大改革创新力度，将多个部门相关联的"单项事"整合为企业和群众视角的"一件事"，推行集成化办理，实现"一件事一次办"，大幅减少办事环节、申请材料、办理时间和跑动次数，得到企业和群众的普遍认可。同时，各地区在实施过程中还存在系统对接深度不够，数据共享难，不同地区集成化办理服务的名称、标准、规则不一致等问题，制约了"一件事一次办"推广。为加快推进"一件事一次办"，打造政务服务升级版，提升政务服务标准化、规范化、便利化水平，更好满足企业和群众办事需求，经国务院同意，现提出以下意见。

一、总体要求

(一)指导思想。(略)

（二）基本原则

坚持需求导向。（略）

坚持系统集成。（略）

坚持协同高效。（略）

坚持依法监管。（略）

（三）工作目标。（略）

二、重点任务

（一）推进企业全生命周期相关政务服务事项"一件事一次办"。（略）

（二）推进个人全生命周期相关政务服务事项"一件事一次办"。（略）

三、优化"一件事一次办"服务模式

（一）科学设计流程。（略）

（二）简化申报方式。（略）

（三）统一受理方式。（略）

（四）建立联办机制。（略）

（五）提高出件效率。（略）

（六）加强综合监管。（略）

四、加强"一件事一次办"支撑能力建设

（一）推进线下综合受理窗口和线上受理专栏建设。（略）

（二）推动"一件事一次办"事项办理相关业务系统互联互通。（略）

（三）推进"一件事一次办"事项办理数据按需共享应用。（略）

（四）建立健全"一件事一次办"标准规范。（略）

五、保障措施

（一）加强组织领导。（略）

（二）加强协同配合。（略）

（三）加强评价监督。（略）

（四）加强宣传引导。（略）

国务院办公厅

2022 年 9 月 26 日

八、通知

（一）通知的适用范围

《党政机关公义处理工作条例》规定：通知"适用于发布、传达要求下级机关执行和有关单位周知或者执行的事项，批转、转发公文"。

(二)通知的类型

1. 指示性通知。具有指示性和指导性，主要用于对下级机关布置与指导工作、传达上级机关的指示精神。指示性通知的内容，实质上是传达某项具体的指示，通常是上级机关针对工作中出现的问题提出解决办法，要求下级机关执行。因此，这类通知的政策性、权威性、针对性和指导性较强。如《关于做好第 14 号台风"灿都"防御工作的紧急通知》。

2. 批转与转发性通知。批转和转发都是行文形式，即将其他机关制发来的公文转达给有关单位知照或贯彻执行。如《国务院批转〈国务院证券委、中国人民银行、国家经贸委关于严禁国有企业和上市公司炒作股票的规定〉的通知》《××市物价局关于转发〈国家计委价格规章及其他规范性文件清理结果〉的通知》。

批转性通知是上级机关批转下级机关的公文时使用的一种通知。批转性通知用于上级机关针对下级机关报送的公文进行批示，并把批示意见和所报公文转而发给所属有关机关、部门，以实施领导、指导职能。因此，批转公文受机关等级和组织系统的严格制约。被批转的公文一般具有参照执行的价值，批转性通知通常带有指示性质，要求有关单位参照执行。上级机关对下级机关"请示"的批转具有批复和批转双重作用，它既是对请示单位所作的批复，又批转给其他各个相关下属单位遵照执行。

转发性通知使用较广，可以转发上级机关的公文，也可以转发下级、平级和不相隶属机关的公文，即转发公文不受机关等级和组织系统的制约。需转的下级机关公文，如内容属于要求其他下级机关贯彻执行的建议、措施等，应用"批转"；如仅供其他单位参考、了解的内容，则用"转发"行文。

3. 知照性通知。用于告知有关单位需要了解或需办理的事项。此类通知的使用非常广泛。包括仅需了解而不需办理的事项，如印章的启用等，也包括不仅了解还需办理的事项，如通知办理某项事务等。

此外，按照通知的形式，还可分为补充通知、紧急通知、联合通知等。

(三)通知的特点

1. 使用广泛。通知是法定公文中使用最为频繁的文种。通知的使用范围极广，这与通知在作者、行文内容等方面的宽泛、灵活密切相关。通知的行文方面以下行为主，同时也可以平行发文。

2. 内容权威。无论平行方向发文的知照性通知，还是下行发文的指示性通知，均代表着发文机关的真实意图，是收文机关贯彻执行的依据，具有一定的权威性。尤其作为下行文的发布性通知与指示性通知，实质是传达具体指示精神，政策性、权威性、针对性和指示性较强，作为行文对象的下级机关必须认真贯彻执行。

3. 时效性强。通知事项一般有明确的时间限制，通常具有较强的时效性，收文机关收到通知后应及时办理。

（四）通知的撰写

1. 指示性通知的写法

标题：发文机关+事由+通知；事由+通知。

正文：开头+主体+结尾。

开头：通知缘由，通知的背景或意义，当前存在的问题及其原因。也有的写通知的依据和目的。由"特作如下通知"或"特通知如下"等转接语领起，过渡到主体部分。

主体：通知内容，在指示性通知中，上级机关需要对下级单位发布指示，阐述原则，部署任务，提出方法、措施和步骤等，要求下级机关办理执行。如果内容比较多，可加序号以分条列项形式写，而上述内容通常可提炼成每一段的主题句放在该段的段首。指示性通知的内容措施撰写要符合实际，切实可行；文字要清晰明了、准确精炼，以便下级机关掌握和贯彻执行。

结尾：指示性通知往往在结尾处提出贯彻执行的有关要求，语气要严肃、庄重，也可以"望认真贯彻执行"等结尾。还可以不单独结尾，以正文的完结而结束。

2. 批转性通知写法

标题：发文机关+事由（批转+被批转公文的标题）+通知

正文：首先写明被批转的公文的全称和文号，并对所批转公文表明"同意"等批示性意见或评价，再使用"请遵照办理""请研究执行""请认真贯彻执行"等词语阐明批转下发该文的目的和要求。有的批转性通知还要在上述内容后作出具体的指示性意见，以提高受文机关对该项工作的认识并更好地在实际工作中贯彻落实公文精神。

3. 转发性通知写法

标题：发文机关+事由（转发+被转发公文的标题）+通知

正文：首先写明被转发公文的全称和文号，但不得对所转发公文表示批示性意见，如"同意"等，在此基础上，通常根据不同的情况使用"请遵照办理""请研究执行""请认真贯彻执行"等词语阐明转发该文的目的和要求。与批转性通知类似，有的转发性通知还要在上述内容后作出具体的指示性意见。

4. 知照性通知写法

标题：发文机关+事由+通知

正文：开头+主体+结尾

开头：通知缘由，阐述通知的背景、依据或目的。

主体：通知事项，写明事项如何办理、提出要求。应比较具体，注意将通知中所涉及事项的时间、地点、活动内容、联系方式等要素交代清楚、确保无误，使受文单位准确掌握。

结尾："特此通知"，也可根据具体情况省略结尾语。

5. 会议通知写法

会议通知应用极为广泛，从性质看会议通知可归类为知照性通知的一种，但相较于一般的知照性通知，会议通知的撰写有其独特性。

标题：发文机关+事由+通知；事由+通知；会议通知。

正文：开头+主体

开头：先通知缘由、背景、意义。

主体：会议通知具体内容，包括会议名称、会议目的、会议内容、会议时间(会期)、会议地点、与会人员范围(人数)等要素。写法较自由，为使结构清晰明了，可分条列项具体阐述，并将要素分别置于各条之首。

【例文】

关于做好第14号台风"灿都"防御工作的紧急通知

各高等学校、各区教育局、委直属单位：

今年第14号台风"灿都"(超强台风级)正以每小时15公里的速度向西北方向移动。13—14日，将对本市带来明显的风雨影响。根据市委、市政府决策部署以及市防汛指挥部9月12日会议工作要求，现将本市教育系统有关工作要求紧急通知如下：

一、迅速启动应急响应，压紧压实各项责任

根据最新气象预报，台风"灿都"的路径已进一步东移，很有可能发展成为2021年全球最强热带气旋，并正面登陆上海，对全市造成严重影响。上海中心气象台已于9月12日10时00分发布台风蓝色预警信号，市防汛指挥部已启动全市防汛防台IV级响应。各学校、各单位一定要贯彻落实国家防总、市委、市政府的部署要求，坚决绷紧安全这根弦，充分认识做好当前台风防御工作的极端重要性，切实把师生员工生命财产安全放在首位，立足最不利情况，着眼最恶劣天气，防范最极端事件，做好最充分准备，争取最好的结果，把影响降到最低，把损失减到最小。领导要及时进岗到位，进一步压实压紧各项责任，把预警和防御工作提升一个等级，做到超前部署，周密安排，强化措施，守牢安全底线。

二、严密细致排查，坚决消除隐患

要充分重视今年第 6 号台风"烟花"期间暴露出来的问题，特别是校内积水等难点问题，提早落实应急保障措施。要重点关注开学期间校内重要活动场地、人员密集场所、师生集中区域、校内主干道和地下空间及以往积水严重地区的积水隐患排查和处置，必要时取消大型活动或对校外人员关闭室外活动设施。要高度重视人员避险工作，特别是做好在校师生、值守干部员工、校内施工人员等重点群体的安全提醒和安全防范。各学校、各单位要认真按照防汛预案要求，必要时对校内危旧房屋和临房人员转移撤离、妥善安置。市教委将对照市防汛防台应急响应等级和市教育系统防汛防台应急预案内容，及时发布相关工作提示。

三、密切工作协同，确保学校安全有序

各部门、各单位要统一指挥、密切配合、通力协作，形成工作合力，要加强与属地防汛部门的工作协同，互通防台信息，建立工作机制，遇有情况同步响应，同时要重点加强校内道路保洁、排水口清理，及时对行道树、花坛花境等设施进行加固，充分动员各方面力量，先期发现、及时上报、快速处置各类险情。要加强对在建工地安全管理，及时组织停工、设施加固和施工人员转移安置。台风期间开行校区班车的，要提醒司乘人员做好相应防范措施，确保交通安全。近期正值开学，各高校要相应做好台风过境期间的开学后勤保障工作，特别是做好快递集中存放和派送工作，确保台风期间校内运行秩序正常。

四、严肃工作纪律，加强应急值守

各单位领导要靠前指挥、带头值班，台风期间，市政府有关部门和市教委将对各单位领导值守情况进行检查。各学校、各单位要严格执行防汛突发险情灾情报告制度，认真按照"首报、续报、终报"的要求，及时将水情、工情、险情、灾情等重要信息报防汛指挥部门和上级主管部门。

××市教育委员会安全生产领导小组办公室

2021 年 9 月 12 日

九、通报

(一)通报的适用范围

《党政机关公文处理工作条例》规定：通报"适用于表彰先进、批评错误、传达重要精神和告知重要情况"。

(二)通报的类型

1. 表扬性通报。用于表扬先进人物、先进事迹、推广先进经验和做法等，以弘扬优秀品德与精神，树立先进典型。如《共青团××市委关于表彰××等同志英勇抢救列车的通报》。

2. 批评性通报。用于在一定范围内批评不良的人和事，包括批评典型事故。分析总结错误，吸取教训，教育他人引以为戒。如《××市卫生局关于医生张××滥用麻醉药品造成医疗事故的通报》。

3. 情况通报。用于传达上级重要指示精神或需周知的有关情况、动态，沟通信息，以统一认识、推动工作。情况通报有较强的时效性，具有指导作用，侧重于告知，一般不涉及表扬或批评，如《××省关于2022年前三季度省重点民生实事进展情况的通报》。

(三)通报的特点

1. 典型性。表扬性和批评性通报的突出特点就是通报的事项具有典型性，通常针对具有普遍意义的典型事例、成功经验和失败教训，重在树立典型、扩大影响，通过表扬或批评某一典型，达到教育、号召干部群众的目的。

2. 导向性。表扬性和批评性通报具有较强的示范、教育和警示作用，通过表扬或批评，对受文机关及个人的思想、行为进行指导、教育，褒奖优秀并惩罚错误。

3. 时效性。通报注重及时，其通报事项应是近期发生的事情，以增强发文效用，避免时过境迁，典型性消失、导向性失效。

3. 广泛性。通报内容可以是综合性的，也可以是专题性的；行文方向可根据需要发送上级、下级和平级机关；发文范围，除对外通报外，也可在机关内部通报。

(四)通报的撰写

1. 表彰性通报的写法

标题：发文机关+事由+通报

正文：开头+主体+结尾

开头：开头部分概述发此通报的背景、内容。常开门见山，概述先进事迹，介绍先进单位、个人的主要先进行为。

主体：在上述事实的基础上分析原因，指出先进产生的基础、评价先进事迹的本质和可贵精神、主要经验和值得发扬与学习之处。用语应贴切，防止任意夸大、拔高，然后宣布组织的表彰决定。

结尾：就如何向先进单位、个人学习，提出具体措施和要求，通常以号召式结尾指明如何向先进学习。

2. 批评性通报的写法

标题：发文机关+事由+通报。

正文：开头+主体+结尾。

开头：概述发此通报的背景、内容。常通过概述事实，简要介绍事故的主要情节或主要错误行为，写清发此通报的缘由，对相关时间、地点、单位、人物等要认真调查核实，防止误报。

主体：在上述事实的基础上实事求是地展开分析，指出该反面事例、事故产生的主客观原因、主要教训，评价其性质，用语应准确到位，然后宣布组织的处理决定。

结尾：就如何从问题、事故、错误中吸取教训，提出具体措施和要求，通常以号召式结尾要求受文对象引以为戒，指出防止和杜绝今后发生类似事件的措施等。

【例文】

××市卫生局关于医生张××滥用麻醉药品造成医疗事故的通报

各区县、各乡镇医疗卫生单位：

2002 年 7 月 5 日晚 7 时 25 分，××县××镇××村农民李××因下腹部疼痛，被送到××镇卫生院治疗。该院夜班医生张××以"腹痛待诊"处理，为病人开了阿托品、安定等解痛镇静药，肌肉注射度冷丁 10 毫克。7月 6 日下午 5 时许，该病员因腹痛加剧，再次到该卫生院治疗，医生刘××诊断为"急性阑尾炎穿孔，伴腹膜炎"，急转市第二人民医院治疗，于当晚 7时施行阑尾切除手术。手术过程中，发现阑尾端部穿孔糜烂，腹腔脓液弥漫。经过积极治疗，输血 300 毫升，病人才脱离危险，但身心受到了严重的损害。

急性阑尾炎是一种常见的外科急腹症，诊断并不困难。××镇卫生院张××工作马虎，处理草率，在没有明确诊断以前，滥用麻醉剂度冷丁，掩盖了临床症状，延误了病人的治疗时间，造成了较为严重的医疗事故。这种对人民生命财产极不负责任的做法是很错误的。为了教育张××本人，经卫生局研究，决定给张××行政记过处分，扣发全年奖金，并在全市范围内通报批评。

各单位要从这次医疗事故中吸取教训，加强对职工的思想教育，增强职工的责任感，以对人民高度负责的精神，端正服务态度，提高服务质量。同时，要加强对麻醉药品的管理，认真执行××省卫生厅《关于严格控制麻醉药品使用范围的规定》，严禁滥用麻醉药品。今后如发现违反规定者，要首先追究单位领导的责任。

××市卫生局

二〇〇二年七月二十五日

十、报告

(一)报告的适用范围

《党政机关公文处理工作条例》规定：报告"适用于向上级机关汇报工作、反映情况，回复上级机关的询问"。

(二)报告的类型

1. 工作报告。为让上级领导机关或业务指导机关了解本机关工作情况而作的书面工作汇报。用于总结工作经验、汇报工作进展状况及今后工作的设想、打算。如《××省人民政府关于工业生产情况的报告》。

2. 情况报告。主要用于下级机关就某项事情、某项工作或某个问题的办理处理情况，向上级机关作出汇报。尤其是重大问题、重大事件等向上级反映情况。如《××省人民政府关于××市第三棉花加工厂特大火灾事故检查处理情况报告》。

3. 答复报告。用于答复上级机关的查询、提问，按要求汇报对上级某项指示执行的结果，回答代表大会、常务委员会等法定机构的质询事项等。

按内容涉及的范围，报告可分为综合报告和专题报告。

另外，还有调查报告、会议报告、总结报告等。

(三)报告的特点

1. 陈述性。报告是一种重要的报请性公文，是上级机关了解下属机关工作情况、进行工作部署的参考和依据。无论是向上级机关汇报工作、反映情况，还是回复上级机关的询问，要求所用语言均强调陈述性、客观性，尽量使上级能清晰地掌握发文机关的客观情况，以减少不必要的干扰。

2. 单向性。报告是参阅性公文，上级机关在收到此类公文后一般仅需阅知、了解，以便掌握发文机关情况即可，不需要上级回复，故报告撰写中应注意不得夹带请示事项。

3. 广泛性。报告是一种重要的呈报性公文，其使用有广泛性：就发文机关而言，报告是上行文，各级各类单位普遍使用；从发文内容而言，报告汇报工作、反映情况、回复上级机关的询问的范围极其广泛；就发文时间而言，在工作开始前、进展中及结束后均可使用报告向上级汇报情况，可以定期报告也可以不定期报告。

(四)报告的撰写

1. 工作报告的写法

标题：发文机关+事由+报告；事由+报告。

正文：开头+主体+结尾

开头：先概述工作情况，得出总的结论，常以数据来说明情况，既直观明了且说服力强，有利于工作情况的阐述和报告。然后以"现将……××情况报告如下"作为过渡，承上启下，引出报告的主体部分。

主体：陈述报告的内容。报告的具体内容主要包括：完成的任务、取得的成绩、主要措施(做法、经验和体会)、存在的不足(问题)以及下一步的打算。上述内容可根据报告的侧重点进行层次顺序的安排，需重点突出报告的内容通常可安排在前端位置并做详尽阐述。报告写作要求材料具体，用语准确平实。应注意条理层次清晰，通常提炼每一段的主题句放在该段的句首点明该段主旨。

结尾："特此报告"等结束语，或不用结束语直接结尾。

2. 情况报告的写法

标题：发文机关+事由+情况报告；事由+情况报告。

正文：开头+主体+结尾

开头：根据上级指示或要求，概要交代反馈情况的背景与缘由。

主体：阐述报告的具体内容，包括所做的工作，采取的措施；取得的效果，存在的问题与不足；下一步的设想、打算等。

结尾："特此报告""以上报告，请审阅"等作为结束语，或不用结束语直接结尾。

【例文】

××省人民政府关于××市第三棉花加工厂
特大火灾事故检查处理情况的报告

国务院：

××××年4月21日，我省××市第三棉花加工厂发生一起特大火灾事故，烧毁皮棉101980担，污染1396担；烧毁籽棉5535担，污染72600担；烧毁部分棉短绒、房屋、机器等。造成直接经济损失共计23799000余元。

火灾发生后，虽然调集了本省和邻省部分地区的消防人员和车辆参加灭火，保住了主要的生产厂房、设备，抢救出部分棉花，但由于该厂领导组织指挥不力，加上风大、垛密，缺乏消防水源，致使火灾蔓延，给国家造成了巨大损失。事故发生后，省委、省政府立即采取紧急措施，派有关部门负责人赶赴现场，协助调查处理这一事故，做好善后工作。经过上下通力合作，该厂于4月30日正式恢复生产。

从调查核实的情况看，这次火灾是一起重大责任事故，其直接原因是该厂临时工李××违反劳动纪律，擅自扭动籽棉上垛机上的倒顺开关，放出电火花引燃落地棉所致。但这次火灾的发生，领导负有重大责任。一是长期以来，厂领导无人过问安全工作。从去年棉花收购以来，该厂有记录的火情就有十二次，并因仓储安全搞得不好，消防组织不健全，消防设施失灵等，多次受到通报批评。厂长段××严重丧失事业心和责任感，对上级部门的批评置若罔闻，直至得知发生火灾消息后，也没有及时赶到现场组织抢救。因此，段××对这次火灾应负主要责任。分管安全生产工作的副厂长张××，工作不负责任，该厂发生的多次火情，从未研究、采取措施，对造成这次火灾负有重大责任。二是××市委、市政府对该厂的领导班子建设抓得不紧。一直没有成立党的组织，班子涣散，管理混乱。这次火灾发生后，分管财贸工作的副市长××同志，忙于参加商品展销招待会，直至招待会结束才到火灾现场，严重失职，对火灾蔓延、扩大损失负有重要领导责任。

另外，近几年来，××市棉花生产发展较快，收购量大幅度增加，储存现场、垛距、货位都不符合防火安全规定的要求。再加资金缺乏，编制不足，消防建设跟不上，也给及时扑救、控制火灾带来了困难。

为认真吸取这次特大火灾的沉痛教训，我们采取以下措施：

（一）省政府于5月上旬发出紧急通知，要求各级政府、各部门认真学习有关安全工作的规定，迅速制订安全措施，建立健全安全生产、安全管理、安全监察等各项制度。××市第三棉花加工厂发生的火灾事故已通报全省。

（二）在全省开展安全生产大检查，及时消除事故隐患。从5月中旬开始，省政府确定由一名副省长负责，组织四个检查组，到有关地市、行业进行重点检查。各地市也分别组成检查组，进行安全检查。

（三）对××市第三棉花加工厂发生的这起特大火灾事故，省政府责成省相关部门核实案情，抓紧做好善后工作。已整顿了企业领导班子。事故的性质和责任已经查明，对肇事者李××已依法逮捕，负有直接责任的厂长段××、副厂长张××依法处理。对××市政府分管财贸工作的副市长××同志，给予行政撤职处分。我们一定要在现有人力、物力、技术条件下，尽最大努力做好安全工作，防止此类事故的发生。

以上报告，如有不当，请指正。

××省人民政府

××××年×月×日

十一、请示

（一）请示的适用范围

《党政机关公文处理工作条例》规定，请示"适用于向上级机关请求指示、批准"。

（二）请示的类型

根据行文目的，请示可分为：

1. 请求批准。重大问题的解决方案、重要措施的变更或其他必须经上级机关批准、认可的事项，如机构设置、人事任免等。如《关于与外国石油公司在我海域合作进行地球物理勘探工作有关问题的请示》。

2. 请求批转。这类请示通常是针对某项涉及面广、需有关方面协同办理的工作，以及某项工作、活动涉及其他机关的职权范围，本机关提出具体意见、建议和办法后，请求上级批转给其他相关机关执行。如《国家旅游局关于加强旅游业管理若干问题的请示》。

(三)请示的特点

1. 行文目的。请示内容系本单位无权决定或难以解决，需要上级指示或批准的事项。因此，请示中要明确提出请求批准的目的要求，有时还有处理的意见或设想，以便上级批复。

2. 行文时间。根据行文规则，请示必须事先行文，然后按照批复精神行事，请示不得在事中、事后行文。

3. 行文内容。根据行文规则，请示必须一文一事，不得在报告等非请示性公文中夹带请示事项，切忌一文多事，以利于公文的保密与及时处理。

4. 处理程序。请示属需办件，根据公文处理程序的要求，上级机关对请示应予以批复。

5. 报送规定。根据行文规则，请示应当遵循向上级机关行文的一系列规则，包括：原则上主送一个上级机关；向上级主管部门请示重大事项，应当经本级机关同意或者授权；除上级机关负责人直接交办的事项外，请示不得以本机关名义向上级机关负责人报送公文，不得以本机关负责人名义向上级机关报送公文；受双重领导的机关向一个上级机关行文，必要时抄送另一个上级机关等。

请示是重要的报请性法定公文，与报告一样使用范围广、频率高，是上级机关开展工作的参考和领导、指导下属机关工作的依据。应注意区分两者的不同。

(四)请示的撰写

结构：标题+正文+落款

标题：发文机关+事由+请示；事由+请示

正文：开头+主体+结尾

开头：包括请示事项的缘由、请示的目的、意义和依据等。为取得上级机关的支持、批准，请示的理由要尽量说明，做到有理、有据、有充分说服力。

主体：请示的具体内容，是要求上级给予指示或批准的具体事项。可分条列项写。注意请示事项应集中、单一，不宜庞杂，且请示事项要合情合理、符合政策、符合实际，要在上级机关的职权和可行范围内。若请示事项已有切实可行的解决办法或已同有关部门协商一致，应予写明，以便上级机关掌握情况并便于解决。

结尾：一般有："以上请示，当否？请予批复""以上请示，请予批复"等结束语。

【例文】

关于与外国石油公司在我海域合作
进行地球物理勘探工作有关问题的请示

国务院：

经国务院批准，我部已与美、英、法等国的一些石油公司签订在我海域合作进行地球物理普查勘探的协议，即将展开工作。现将有关问题报告如下：

一、为精确测定地震勘探船在海上工作的位置，外国石油公司需在我沿海有关地区设立若干无线电定位台站，并安设台站之间和台站与工作船之间的对话装置。台站的具体地址和仪器型号、性能、规格等，我们将商总参、全国无线电管理委员会同意后确定。每个台站需占少量土地，在开始埋置地线网时，可能要占用一些青苗地。各岸台由我们与外国技术人员共同踏勘台址，进行仪器的安装、调试，并由双方共同操作使用。外商前往各台站时，需请当地协助解决必要的交通工具。

现已征得总参同意，黄海部分在山东省文登县前岛、胶南县李家桥大队，江苏省射阳县盐场、如东县农场、启东县近海农场等地建立五个台。其余海区台址正在选择。

二、在地震勘探工作进行期间，外国石油公司需在我沿海有关城市设联络小组；我部有关单位亦需在当地组织相应的精干的临时办事机构(一般每处不超过二十人)。请有关省、市、自治区协助解决外商的住宿问题和安排我临时办事机构的用房。

三、在地震勘探期间，外国将派来地震船及其供应船(其中部分将租用我国的船只)，需请沿海有关省、市、自治区和有关部门安排临时停靠的港口码头，以及油、水和生产、生活物资的补给。工作期间如遇特殊情况，需我沿海港口给予紧急临时停靠的便利，必要时需有关方面在工作区域内协助采取保护措施。

以上报告如无不妥，我们将按以上原则与有关省、市、自治区和有关部门协商办理。请批示。

××部

××××年××月××日

十二、批复

(一)批复的适用范围

《党政机关公文处理工作条例》规定，批复"适用于答复下级机关请示事项"。

(二)批复的类型

1. 指示性批复。对下级机关提出的请示事项和问题提出处理意见、原则，以指导下级机关开展工作。如《国务院关于办理商标注册附送证件问题的批复》。

2. 表态型批复。针对请求批准事项表明上级机关的态度，提出指示意见。如《国务院对××部关于与外国石油公司在我海域合作进行地球物理勘探工作有关问题的批复》。

(三)批复的特点

1. 被动性。请示是批复的前提条件，只有在下级机关请求指示与批复时，上级机关经研究对策后才制发批复，不然上级机关不可能主动发文批复。

2. 针对性。批复是专门针对请示的公文文种：首先，批复针对下级机关的请示制发，不涉及其他文种；其次，批复的标题、主送机关、用语均针对请示；再次，批复的内容直接针对下级机关请示事项进行答复，不涉及其他事项。

3. 指示性。是上级机关对下级机关所请示事项表明态度和意见的下行公文，批复意见具有决策性、指示性以及法定权威性，下级机关必须按批复内容贯彻执行。

(四)批复的撰写

标题：发文机关+事由+批复；事由+批复。批复的事由部分可以根据具体情况拟订，可明示批复事项，也可以笼统表述。

正文：开头+主体+结尾

开头：批复依据，一般采用引述式开头，开门见山告知下级机关来文收悉，通常要引述请示的文号和标题以及收到的日期，并以此作为撰写批复的缘由。随后表示经过研究后给予答复，使用过渡语如"现对有关事项批复如下"等引出下文。

主体：批复内容，要针对来文的请示事项具体写清批复意见，表明同意或不同意的态度，根据需要阐述相应的理由以及依据。一般不同意请示事项应在否定意见后做适当的理由说明。这部分撰写应直陈其事，可适当引用请示内容，但切勿大段引用来文。

结尾："特此批复""此复"作为结束语，也可以不写结束语。

【例文】

国务院对××部关于与外国石油公司
在我海域合作进行地球物理勘探工作有关问题的批复

××部并沿海各省、市、自治区革命委员会，总参谋部，全国无线电管理委员会：

国务院同意××部《关于与外国石油公司在我海域合作进行地球物理勘探工作有关问题的请示》，请各有关地区和部门密切合作，认真研究办理。

国务院
××××年××月××日

十三、议案

(一)议案的适用范围

《党政机关公文处理工作条例》规定，议案"适用于各级人民政府按照法律程序向同级人民代表大会或者人民代表大会常务委员会提请审议事项"。

(二)议案的类型

1. 法律案。国家及地方有关机关制定的法律及行政法规需要提请国家或地方权力机关审议，或请求国家、地方权力机关制定某项法律或法规而提出的议案。如《国务院关于提请审议〈中华人民共和国教师法(草案)〉的议案》。

2. 任免案。指依法要求任命或撤销有关国家公职人员职务的议案。一般情况下，罢免案以书面形式并按照比一般议案更严格的法律程序提出。如《××市人民政府关于提请审议××同志职务任免的议案》。

3. 预算案。即有关国家计划和预算的制订和执行及本地区的经济计划和预算的制订和执行的议案。如《××市××区人民政府关于提请审议"××市××区 2022 年预算调整方案(草案)"的议案》。

4. 事项案。涉及国家和本地区政治、经济、科技、文化等各方面重大事项，需提请国家权力机关审议并作决定的议案。如《国务院关于提请审议兴建长江三峡工程的议案》。

(三)议案的特点

全国人大组织法规定："全国人民代表大会主席团、全国人大常委会、全国人大各专门委员会、国务院、中央军事委员会、最高人民法院、最高人民检察院，可以向全国人民代表大会提出属于全国人民代表大会职权范围内的议案；一个代表团或者三十名以上的代表，可以向全国人民代表大会提出属于全国人民代表大会职权范围内的议案。"地方人大组织法规定："地方各级人民代表大会举行会议的时候，主席团、常务委员会、各专门委员会、本级人民政府，可以向本级人民代表大会提出属于本级人民代表大会职权范围内的议案，县级以上的地方各级人民代表大会代表十人以上联名，乡、民族乡、镇的人民代表大会代表五人以上联名，可以向本级人民代表大会提出属于本级人民代表大会职权范围内的议案"。因此，议案有以下特点：

1. 制发者的法定性。议案的提出者，必须是法律规定的机关或代表。议案的制发机关只能是各级人民政府，其他各级人民政府的职能部门无权提出议案。

2. 内容的特定性。各级人民政府提出的议案内容必须是人民代表大会或者人民代表大会常务委员职权范围内的问题，超出其职权范围的不能作为议案提出。人民代表大会或其常委会的议案应当是事关全局的根本性的问题。议案的内容应当主题突出，集中于某一事项，以便于会议审议决定。

3. 严格的时限性。议案必须在人民代表大会或者人民代表大会常务委员会举行会议期间提出，会议后提出的不能列为议案。

4. 建议的可行性。议案必须言之有理，持之有据，所提建议必须具有可行性，才有获得批准的可能。

5. 语言的简洁性。议案一般都要附有提请审议的事项草案和说明材料，所以议案的正文一般都非常简洁明确，语言也高度凝练，只明确写出要提请审议的事项即可。

(四)议案的撰写

标题：发文机关+事由+议案；事由+议案。应注意，议案事由一定要嵌在"关于提请审议'……'的"固定写作格式之中。

正文：开头+主体+结尾

开头：写明议案提出的目的或理由、事实或根据，这部分一定要写得合情合理，简要有力。

主体：写明提请审议的议案的撰制经过及提请事项。例如：《国务院关于提请审议〈中华人民共和国××法(草案)〉的议案》是由国家××局等部门拟订，经国务院常务会议讨论通过的。说明这一法定程序十分重要，充分体现了议案的庄重性、严肃性和规范性。方案部分为议案的核心内容，一定要写得具体明白，切合实际。

结尾。议案通常以一句话结束全文。例如："请审议""请审议决定""现提请审议，并请作出批准的决定""现提请审议""请予审议"等。这部分应体现出商酌的语气，决不能用命令的口吻。

附件：为了阐明具体情况，使议案得以审议通过，每份议案送达时均须有附件同时送达。主要有材料类、立法类、书表类、说明类及工作报告类附件。

【例文】

国务院关于提请审议《中华人民共和国教师法(草案)》的议案

全国人民代表大会常务委员会：

为了保障教师的合法权益，建设一支具有良好思想品德修养和业务素质的教师队伍，促进我国社会教育事业的发展，国家教育委员会在总结建国四十多年来教师工作经验和充分听取各方面意见和建议的基础上，草拟了《中华人民共和国教师法(草案)》。这个草案，已经国务院常务会议通过，现提请审议。

国务院总理××

××××年×月×日

十四、函

(一) 函的适用范围

《党政机关公文处理工作条例》规定：函"适用于不相隶属机关之间商洽工作、询问和答复问题、请求批准和答复审批事项"。

(二) 函的类型

根据行文目的和用途，函可分为：

1. 商洽函。同级机关或不相隶属机关之间商洽工作、联系事宜时使用的函。如《××市交通委员会关于商请核定荣威 Ei5 纯电动出租汽车运价的函》。

2. 请批函。向有关业务主管机关请求批准具体事项所用的函。如《××省××厅关于申请举办一年制财会专业 (大专) 专业证书班的函》。

3. 知照函。向有关机关或部门关于某些具体事项的周知、联系和催办用的函。如《住房和城乡建设部房地产市场监管司关于做好房地产开发企业资质审批制度改革有关工作的函》。

4. 答复函。答复同级或不相隶属机关请批事项，以及答复有关机关询问事项所用的函。如《××市物价局关于荣威 Ei5 纯电动出租汽车运价的复函》。

根据撰写格式，函有公函和便函之分。公函属于正式公文，需按照国家标准规定的格式制作；便函格式简便，不具备国家标准所规定的正式公文格式，可用于一般程序性、事务性的具体事项。

根据行文内容性质，函还可分为主动发函和复函。

(三) 函的性质、特点

函属于商洽性、问答性公文，不具有强制性或指示性。

1. 应用的广泛性。函使用的范围很广泛，不受机关性质、级别以及工作内容的限制，函主要是平行文，用于平行机关之间或不相隶属机关之间，同时函也用于上下级机关之间具体问题的商洽、问答，还可用于机关对个人的工作联系，如答复群众来信、人事介绍等。

2. 制发的便捷性。函行文自由，可直接制发给受文对象，没有一般公文在行文方向与方式上的制约；尤其是便函的撰制，不需按照国家标准规定的正式公文格式要求，可省略文头及版记。因而函既有公文的效用，又具使用简便的优势。

3. 内容的事务性。函是一种机关日常工作中很常用的文种，一般多用于解决程序性、事务性的具体事项。函的撰写内容单一、务实。

（四）函与请示的区别

在行文中应注意避免随意以请示代替函行文的情况，不能因为对方掌握主管权就误认为是上级机关而乱用请示；也不能不管行文关系如何，只要有求于人，为办事顺利就用请示，从而打乱行文规则。请批函与请示都有"请求批准"的功能，故应特别注意函与请示的区别：

1. 主送机关不同。请批函是平行文，主要用于向无隶属关系的主管部门请求、批准；请示则是上行文，主要用于向有隶属关系的上级机关提出请求、批准。

2. 内容范围不同。请批函通常只限于主管业务，事务性较强，内容范围较窄；请示的内容则涉及政策性、方针性及业务性问题，范围更宽泛。

（五）函的撰写

1. 主动发函的写法

标题：发文机关+事由+函；事由+函。应注意，问函的文种是用"函"，而不能写"问函"。

正文：开头+主体+结尾

开头：发函的缘由、目的或依据等，请求批准的函应交代清楚理由，以便取得支持。

主体：商洽工作、询问事项的内容，应把所要商洽的工作、询问的事项表述得明确、具体。措辞宜实在、简明、得体，应使用恳切、商量的语气。

结尾："请予支持""请予帮助解决""请予回复"等结束语。

2. 复函的写法

复函与批复同为答复性公文，在撰写中有类似之处。

标题：发文机关+事由+函；事由+函。注意，复函的文种必须写"复函"。

正文：开头+主体+结尾。

开头：复函依据，一般采用引述式开头，告知来文单位来函于××日期收悉，通常要引述来函的文号、标题，作为复函的缘由。随后表示经过研究后给予答复，使用过渡语如"现对有关事项复函如下"等引出下文。

主体：针对来文的商洽、请求事项给予具体、明确的答复意见，一般不同意请求事项应在否定意见后阐述相应的理由以及依据。请批函是平行文，主要用于向无隶属关系的主管部门请求、批准，因此复函要注意掌握用语的分寸，切勿居高临下地命令与指示来文单位。

结尾："此复""专此函复""特此函复"等结束语，也可不写结束语。

【例文】

××市物价局关于荣威 Ei5 纯电动出租汽车运价的复函

××市交通委员会：

《××市交通委员会关于商请核定荣威 Ei5 纯电动出租汽车运价的函》(×交财〔2018〕838 号) 收悉。经研究，并报市政府同意，现将有关事项函复如下：

综合考虑车辆性能、购置及运营成本等因素，结合你委建议，决定荣威 Ei5 纯电动出租汽车运价与途安车型出租汽车运价相同，即起租价为 16 元/3 公里、超起租里程运价为 2.50 元/公里、其余运价规则与途安车型出租汽车一致。

荣威 Ei5 纯电动出租汽车运营企业应做好明码标价和宣传解释工作，并根据行业发展定位，完善相关服务标准、服务流程，不断提升服务质量。

请你委进一步加强行业管理、规范企业运营，做好荣威 Ei5 纯电动出租汽车运营数据的收集分析工作。

特此函复。

××市物价局

××××年×月×日

十五、纪要

(一)纪要的适用范围

《党政机关公文处理工作条例》规定：纪要"适用于记载会议主要情况和议定事项"。

(二)纪要的类型

1. 办公会议纪要。主要是机关例行召开的办公会议所用的会议纪要，可以作为传达和部署工作的依据，用以指导有关工作的开展。这是各级各类机关最常用的纪要。如《××市人民政府××××年市长办公会议纪要》等。

2. 其他会议纪要。为研究、讨论一定事项而形成的会议纪要，如学术研讨会、座谈会、报告会等各类会议形成的纪要，用于记载、传达会议情况和议定事项。如《××省××局电力中长期交易专题会议纪要》。

(三)纪要的特点

1. 指导性。会议所记载的主要精神，要求与会单位及有关单位共同遵守或贯彻执行，具有约束力，是传达、部署、指导工作的重要手段。

2. 通报性。会议纪要可以向上级呈报供阅知或请求批转有关机关，也可向下级、平级机关传达，以起到通报会议主要情况和议定事项、统一认识的作用。

3. 提要性。纪要内容是依据会议记录及会议其他公文材料，并对会议的情况与决定事项整理、归纳、概括而形成，重在对会议共识和结论的反映。

(四)纪要的撰写

标题：会议召集单位+会议名称+纪要；会议名称+纪要。座谈会纪要一般应把会议的主旨在标题中反映出来。注意：会议纪要标题的撰写切忌重复，如《××会议会议纪要》。

题注：纪要通常在标题下以括号注明会议通过日期。

正文：开头+主体+结尾

开头：会议概况，包括会议时间、地点、召集者、议题、出席者、列席者等，有的还包括会议的背景、目的、主要过程、讨论主题、会议成果等。在写出席者时，可将出席对象的职务、姓名一一列出；在写列席者时只需笼统撰写即可。而会议的背景、目的、主要过程、讨论主题、会议成果等内容在开头部分只应概括说明，不宜详述。

主体：会议内容，包括会议的过程、讨论的问题和做出的决定事项以及今后的任务与要求等。在纪要撰写中既要充分反映会议主要情况和议定事项，又要确保对会议情况的纪实。纪要通常是根据会议记录、报告、决议、与会者的发言等会议原始材料撰拟而成，体现会议的精神和成果，纪要对与会者的发言，应忠实原意。鉴于会议内容的丰富、具体，纪要撰写应注意对会议原始材料的归纳和凝练。小型会议可概括地一段式阐述；较大规模会议则应提炼若干小标题，分条列项安排结构。通常，纪要对过程性的内容如报告、讨论等宜略写，而对结论性的会议议定成果则应有所侧重。通常以"会议认为""会议指出""会议决定"等专用词语领起段落。

结尾：常以"会议要求""会议号召""会议希望"领起号召式结尾；也可自然收尾。

纪要没有主送机关，可以直接下发与会者和有关机关，也叫以呈报上级批转下达。

纪要落款一般不盖章。以通知形式发出的可在通知落款处盖章。

【例文】

××省××局电力中长期交易专题会议纪要

（2021 年 12 月 12 日）

2021 年 12 月 12 日，省能源局在××主持召开 2022 年电力中长期交易专题会议，就电力中长期交易组织等问题进行专题研究。会议邀请××能源监管办出席，省电力公司、能源集团、各中央发电集团××分公司、××电力交易中心、国网××综合能源服务有限公司相关负责同志共同参加会议。

会议强调，参会各部门、企业要认真贯彻中央经济工作会议精神，按照"稳字当头、稳中求进"的要求，稳妥有序推进电力市场化改革，全力做好 2022 年电力中长期交易组织工作。

会议认为，电力市场化改革要从××市场主体众多、民营经济活力足的实际出发，全力保障我省企业用电价格基本稳定；在改革起步阶段，实施售电公司兜底交易机制是保障广大工商业用户利益的有效举措，可避免触发电网代理 1.5 倍涨价风险。各地能源主管部门要发挥政治、组织优势，组织发动广大电力用户积极参与电力市场化改革；各级电网公司和电力企业要敢于担当、勇于担责，发挥电力"铁军"作用，做好中长期交易签订工作，确保改革平稳有序推进。

会议要求，要全力以赴、形成专班细化落实兜底交易机制：

一、兜底售电合同签订。（略）

二、兜底售电交易结算。（略）

三、切实保障用户自主选择权。（略）

四、兜底售电合同签订形式。（略）

五、高耗能企业名单。（略）

六、兜底售电公司清单及区域划分建议。（略）

七、政策宣传和舆情疏导。（略）

第四章 公文格式与稿本

公文具有特定的格式，这是公文区别于其他书面材料的特点之一，也是公文具有权威性和行政约束力在外部形态的表现。2012 年实施的《党政机关公文处理工作条例》及国家标准《党政机关公文格式》（GB/T 9704-2012）（简称《格式》）对公文的格式都进行了具体规定，《格式》适用于各级党政机关制发的公文，其他机关和单位的公文可以参照执行。上述法规与标准的实施，有利于进一步提高各级党政机关公文制作水平和质量，提高公文权威性，对推动党政机关公文处理工作实现标准化、科学化与规范化意义重大。

第一节 公 文 格 式

公文格式是公文全部要素在文面上所处位置和书写样式，《格式》"规定了党政机关公文通用的纸张要求、排版和印制装订要求、公文格式各要素的编排规则"。

一、公文格式各要素编排规则

《格式》第 7 条规定："本标准将版心内的公文格式各要素划分为版头、主体、版记三部分。公文首页红色分隔线以上的部分称为版头；公文首页红色分隔线（不含）以下、公文末页首条分隔线（不含）以上的部分称为主体；公文末页首条分隔线以下、末条分隔线以上的部分称为版记。"

（一）版头

公文版头的格式要素包括：份号、密级和保密期限、紧急程度、发文机关标志、发文字号、签发人及版头中的分隔线。

1. 份号

份号又称"公文份数序号"，是对同一文稿印制若干份时，逐份给予每份公文的顺序编号。份号便于公文的统计、登记和回收。如需标注份号，一般用 6 位 3 号阿拉伯数字，顶格编排在版心左上角第一行。涉密公文应当标注份号。

2. 密级和保密期限

密级即秘密等级，是标识公文秘密程度的一种标志。涉密公文应当根据涉密程度分别标注"绝密""机密""秘密"和保密期限。如需标注密级和保密期限，一般用3号黑体字，顶格编排在版心左上角第二行；保密期限中的数字用阿拉伯数字标注。

3. 紧急程度

紧急程度又称缓急时限，是公文送达和办理的时限要求。根据紧急程度，紧急公文应当分别标注"特急""加急"，电报应当分别标注"特提""特急""加急""平急"。如需标注紧急程度，一般用3号黑体字，顶格编排在版心左上角；如需同时标注份号、密级和保密期限、紧急程度，按照份号、密级和保密期限、紧急程度的顺序自上而下分行排列，并应在公文信封上加盖戳记注明。紧急程度的标注，有利于引起收文机关的注意，防止耽误紧急公文的处理，确保公文的时效性。

4. 发文机关标志

发文机关标识又称公文的身份名称、"红头"，是发文机关用来制发正式公文时使用的一种固定版式，由发文机关全称或者规范化简称加"公文"二字组成，也可以使用发文机关全称或者规范化简称。联合行文时，发文机关标志可以并用联合发文机关名称，也可以单独用主办机关名称。《格式》规定，发文机关标志居中排布，上边缘至版心上边缘为35mm，推荐使用小标宋体字，颜色为红色，以醒目、美观、庄重为原则。联合行文时，如需同时标注联署发文机关名称，一般应当将主办机关名称排列在前；如有"公文"二字，应当置于发文机关名称右侧，以联署发文机关名称为准上下居中排布。

5. 发文字号

发文字号又称文号，是发文机关制发公文的编号，也是公文的一种代号。发文字号的作用，主要是便于公文的检索、处理、管理和统计。

发文字号编排在发文机关标志下空二行位置，居中排布。年份、发文顺序号用阿拉伯数字标注；年份应标全称，用六角括号"〔〕"括入；发文顺序号不加"第"字，不编虚位(即1不编为01)，在阿拉伯数字后加"号"字。上行文的发文字号居左，空一字编排，与最后一个签发人姓名处在同一行。

发文字号由发文机关代字、年份、发文顺序号组成。联合行文时，使用主办机关的发文字号。发文机关代字应能准确反映制发机关名称和性质，以便于查找利用。应注意防止出现两个单位之间机关代字重复、混淆的情况，发文机关代字应保持稳定。发文机关代字不应与机关简称相混同。发文字号的顺序号是发文的流水号，以年度为编号周期。

命令、公告文种均使用仅以发文顺序号标注的编号法。命令是以领导人任届为一个编号序列，依次连续编号。重大会议或重大事件而发的公告，则以这届会议和这个事件为一个编号序列。

6. 签发人

上行文应当标注签发人姓名。由"签发人"三字加全角冒号和签发人姓名组成，居右空一字，编排在发文机关标志下空二行位置。"签发人"三字用 3 号仿宋体字，签发人姓名用 3 号楷体字。如有多个签发人，签发人姓名按照发文机关的排列顺序从左到右、自上而下依次均匀编排，一般每行排两个姓名，回行时与上一行第一个签发人姓名对齐。在上报的公文中标识签发人姓名，主要目的是让上级单位的领导人了解下级单位谁对上报事项负责。

7. 版头中的分隔线

发文字号之下 4 mm 处居中印一条与版心等宽的红色分隔线。

(二) 主体

1. 标题

公文标题是对公文主要内容准确简要的概括。公文标题具有特定的结构，一般由发文机关名称、事由和文种组成。标题一般用 2 号小标宋体字，编排于红色分隔线下空二行位置，分一行或多行居中排布；回行时，要做到词意完整，排列对称，长短适宜，间距恰当，标题排列应当使用梯形或菱形。

公文标题应当揭示公文主要内容与行文目的，引导阅读，必须言简意明、措辞准确，反映公文的基本观点、主张。公文标题应标明公文种类，一般应当标明发文机关。公文标题中除法规、规章名称加书名号外，一般不用标点符号。但有些部分也可省略，但需注意不能随意省略，否则会给公文处理造成困难，尤其注意不能省略公文文种。因为公文文种表明了行文关系以及公文的性质、用途等，是公文标题中不可缺少的部分。

2. 主送机关

主送机关指公文的主要受理机关，是对公文负主要办理、答复责任的机关。主送机关应当使用机关全称、规范化简称或者同类型机关统称。主送机关编排于标题下空一行位置，居左顶格，回行时仍顶格，最后一个机关名称后标全角冒号。如主送机关名称过多导致公文首页不能显示正文时，应当将主送机关名称移至版记。

一般发文只能主送一个机关，不主送个人、不多头主送、不越级主送。普发性公文、两个以上单位的联合发文，可以主送两个或两个以上的单位。准确确定主送机关能使公文内容得到及时贯彻与办理。

当主送机关为一定范围的普发性公文时，应标识同类机关的统称，如"各区、县人民政府"。若主送机关多，可按机关性质、职权和其他隶属关系的顺序排列，具体即按党、政、军、群及先机关后部门的顺序来排列。排列时应注意，主送机关之间标点符号的运用应按机关性质、职权、分群组标点，同一群组机关之间用顿号，不同群组机关之间用逗号。例如党中央、国务院联合发的普发性公文，主送机关的排列是："各省、市、自治区党委和人民政府，各大军区、省军区、野战军党委，中央各部委，国家机关各部委，军委各总部、各军兵种党委，各人民团体党组"。

3. 正文

正文是公文的主体，用来表述公文的内容。公文首页必须显示正文。一般用 3 号仿宋体字，编排在主送机关名称下一行，每个自然段左空二字，回行顶格。文中结构层次序数依次可以用"一、""（一）""1.""（1）"标注；一般第一层用黑体字、第二层用楷体字、第三层和第四层用仿宋体字标注。

公文的正文，通常由开头、主体和结尾三部分构成。正文具体阐述公文的思想内容，写作正文时，应严格遵循行文规则，体现公文的特点和写作要求。数字、年份不能回行。

4. 附件说明

附件是对正文起补充说明、印证、参考作用的材料。附件说明包括公文附件的顺序号和名称。如有附件，在正文下空一行，左空二字编排"附件"二字，后标全角冒号和附件名称。如有多个附件，使用阿拉伯数字标注附件顺序号（如"附件：1. ×××××"）；附件名称后不加标点符号。附件名称较长需回行时，应当与上一行附件名称的首字对齐。

应明确的是，公文的附件是正文内容的组成部分，与公文正文具有同等效力。标注附件的序号和名称，就是为显示附件与正文的不可分割的关系。附件往往是进一步开展工作的具体依据。

5. 发文机关署名、成文日期和印章

发文机关署名。即署发文机关全称或者规范化简称。

成文日期。署会议通过或者发文机关负责人签发的日期。联合行文时，署最后签发机关负责人签发的日期。经会议讨论通过的公文，以通过日期为准。法规性公文以批准日期为准，若发布日期与实施日期不一致时，应同时注明施行日期。电报以实际发出的日期为准。

印章。公文中有发文机关署名的，应当加盖发文机关印章，并与署名机关相符。有特定发文机关标志的普发性公文和电报可以不加盖印章。

国标《格式》对几种不同情况下上述要素的格式进行了具体规范：

（1）加盖印章的公文

成文日期一般右空四字编排，印章用红色，不得出现空白印章。

单一机关行文时，一般在成文日期之上、以成文日期为准居中编排发文机关署名，印章端正、居中下压发文机关署名和成文日期，使发文机关署名和成文日期居印章中心偏下位置，印章顶端应当上距正文（或附件说明）一行之内。

联合行文时，一般将各发文机关署名按照发文机关顺序整齐排列在相应位置，并将印章一一对应、端正、居中下压发文机关署名，最后一个印章端正、居中下压发文机关署名和成文日期，印章之间排列整齐、互不相交或相切，每排印章两端不得超出版心，首排印章顶端应当上距正文（或附件说明）一行之内。

（2）不加盖印章的公文

单一机关行文时，在正文（或附件说明）下空一行，右空二字编排发文机关署名，在发文机关署名下一行编排成文日期，首字比发文机关署名首字右移二字，如成文日期长于发文机关署名，应当使成文日期右空二字编排，并相应增加发文机关署名右空字数。

联合行文时，应当先编排主办机关署名，其余发文机关署名依次向下编排。

（3）加盖签发人签名章的公文

单一机关制发的公文加盖签发人签名章时，在正文（或附件说明）下空二行，右空四字加盖签发人签名章，签名章左空二字标注签发人职务，以签名章为准上下居中排布。在签发人签名章下空一行右空四字编排成文日期。

联合行文时，应当先编排主办机关签发人职务、签名章，其余机关签发人职务、签名章依次向下编排，与主办机关签发人职务、签名章上下对齐；每行只编排一个机关的签发人职务、签名章；签发人职务应当标注全称。

签名章一般用红色。

（4）成文日期中的数字

用阿拉伯数字将年、月、日标全，年份应标全称，月、日不编虚位（即

1 不编为 01）。

（5）特殊情况说明

当公文排版后所剩空白处不能容下印章或签发人签名章、成文日期时，可以采取调整行距、字距的措施解决。

6. 附注

附注即公文印发传达范围等需要说明的事项。如有附注，居左空二字加圆括号编排在成文日期下一行。

应注意的是，附注一般是对公文的发放范围、使用时需注意的事项加以说明，如"此件发至县团级""此件不登报"等。不是对公文的内容作出解释或注释。对公文的解释或注释一般在公文正文中采取句内括号或句外括号的方式解决。

7. 附件

附件是公文正文的说明、补充或者参考资料。附件应当另面编排，并在版记之前，与公文正文一起装订。"附件"二字及附件顺序号用 3 号黑体字顶格编排在版心左上角第一行。附件标题居中编排在版心第三行。附件顺序号和附件标题应当与附件说明的表述一致。附件格式要求同正文。如附件与正文不能一起装订，应当在附件左上角第一行顶格编排公文的发文字号并在其后标注"附件"二字及附件顺序号。

（三）版记

1. 版记中的分隔线

版记中的分隔线与版心等宽，首条分隔线和末条分隔线用粗线（推荐高度为 0.35 mm），中间的分隔线用细线（推荐高度为 0.25 mm）。首条分隔线位于版记中第一个要素之上，末条分隔线与公文最后一面的版心下边缘重合。

2. 抄送机关

抄送机关指除主送机关外需要执行或者知晓公文内容的其他机关，应当使用机关全称、规范化简称或者同类型机关统称。如有抄送机关，一般用 4 号仿宋体字，在印发机关和印发日期之上一行、左右各空一字编排。"抄送"二字后加全角冒号和抄送机关名称，回行时与冒号后的首字对齐，最后一个抄送机关名称后标句号。

如需把主送机关移至版记，除将"抄送"二字改为"主送"外，编排方法同抄送机关。既有主送机关又有抄送机关时，应当将主送机关置于抄送机关之上一行，之间不加分隔线。

3. 印发机关和印发日期

印发机关和印发日期即公文的送印机关和送印日期。印发机关和印发日期一般用 4 号仿宋体字，编排在末条分隔线之上，印发机关左空一字，印发日期右空一字，用阿拉伯数字将年、月、日标全，年份应标全称，月、日不编虚位(即 1 不编为 01)，后加"印发"二字。

版记中如有其他要素，应当将其与印发机关和印发日期用一条细分隔线隔开。

4. 页码

页码即公文页数顺序号。页码一般用 4 号半角宋体阿拉伯数字，编排在公文版心下边缘之下，数字左右各放一条一字线；一字线上距版心下边缘 7 mm。单页码居右空一字，双页码居左空一字。公文的版记页前有空白页的，空白页和版记页均不编排页码。公文的附件与正文一起装订时，页码应当连续编排。

二、公文的特定格式

(一)信函格式

发文机关标志使用发文机关全称或者规范化简称，居中排布，上边缘至上页边为 30mm，推荐使用红色小标宋体字。联合行文时，使用主办机关标志。

发文机关标志下 4 mm 处印一条红色双线(上粗下细)，距下页边 20 mm 处印一条红色双线(上细下粗)，线长均为 170 mm，居中排布。

如需标注份号、密级和保密期限、紧急程度，应当顶格居版心左边缘编排在第一条红色双线下，按照份号、密级和保密期限、紧急程度的顺序自上而下分行排列，第一个要素与该线的距离为 3 号汉字高度的 7/8。

发文字号顶格居版心右边缘编排在第一条红色双线下，与该线的距离为 3 号汉字高度的 7/8。

标题居中编排，与其上最后一个要素相距二行。

第二条红色双线上一行如有文字，与该线的距离为 3 号汉字高度的 7/8。

首页不显示页码。

版记不加印发机关和印发日期、分隔线，位于公文最后一面版心内最下方。

(二)命令(令)格式

发文机关标志由发文机关全称加"命令"或"令"字组成,居中排布,上边缘至版心上边缘为 20 mm,推荐使用红色小标宋体字。

发文机关标志下空二行居中编排令号,令号下空二行编排正文。

(三)纪要格式

纪要标志由"××纪要"组成,居中排布,上边缘至版心上边缘为 35 mm,推荐使用红色小标宋体字。

标注出席人员名单,一般用 3 号黑体字,在正文或附件说明下空一行,左空二字编排"出席"二字,后标全角冒号,冒号后用 3 号仿宋体字标注出席人单位、姓名,回行时与冒号后的首字对齐。

标注请假和列席人员名单,除依次另起一行并将"出席"二字改为"请假"或"列席"外,编排方法同出席人员名单。

纪要格式可以根据实际制定。

三、公文排版与装订要求

(一)幅面尺寸

《格式》规定,公文用纸采用 GB/T 148 中规定的 A4 型纸,其成品幅面尺寸为:210 mm×297 mm。

(二)版面

1. 页边与版心尺寸

公文用纸天头(上白边)为 37 mm±1 mm,公文用纸订口(左白边)为 28mm±1mm,版心尺寸为 156 mm×225 mm。

2. 字体和字号

如无特殊说明,公文格式各要素一般用 3 号仿宋体字。特定情况可以作适当调整。

3. 行数和字数

一般每面排 22 行,每行排 28 个字,并撑满版心。特定情况可以作适当调整。

4. 文字的颜色

如无特殊说明,公文中文字的颜色均为黑色。

(三)印制装订要求

1. 制版要求

版面干净无底灰,字迹清楚无断划,尺寸标准,版心不斜,误差不超过

1 mm。

2. 印刷要求

双面印刷；页码套正，两面误差不超过 2 mm。黑色油墨应当达到色谱所标 BL100%，红色油墨应当达到色谱所标 Y80%、M80%。印品着墨实、均匀；字面不花、不白、无断划。

3. 装订要求

公文应当左侧装订，不掉页，两页页码之间误差不超过 4 mm，裁切后的成品尺寸允许误差±2mm，四角呈 90°，无毛茬或缺损。

骑马订或平订的公文应当：

(1) 订位为两钉外订眼距版面上下边缘各 70 mm 处，允许误差±4mm。

(2) 无坏钉、漏钉、重钉，钉脚平伏牢固。

(3) 骑马订钉锯均订在折缝线上，平订钉锯与书脊间的距离为 3mm~5mm

(4) 包本装订公文的封皮(封面、书脊、封底)与书芯应吻合、包紧、包平、不脱落。

第二节　公 文 稿 本

公文稿本，是公文各种文稿和文本的总称。公文在拟制形成与处理运转过程中，因各种需要，会产生多种稿本。基于不同原因、用途产生的各种稿本，其含义、性质、作用与处理方法各不相同。正确认识和区分各种稿本，掌握各种稿本的特征和作用，有利于公文处理的顺利开展，促进公文在机关工作中发挥效用。

一、文稿

公文在拟制形成过程中，通常正式印刷前所产生的称为文稿，文稿可分为草稿与定稿二类。

(一)草稿

草稿是拟成而未最后定稿的文稿。

草稿是公文的未定型的非正式文稿，供讨论所用的草稿称"讨论稿"；供征求意见用的叫"征求意见稿"；供审批使用的称"送审稿""报批稿"；经修改以后的草稿又叫"修改稿"或"修正稿"，法规公文的草稿称为"草案"，等等。常常在公文标题旁以小括号标注，以便阅文者了解稿子的性质和用途。鉴于上述文稿都尚未定稿，故均属草稿性质。

在公文形成过程中，草稿一般只反映公文撰稿、修改的过程，供讨论、征求意见、修改、审批使用，没有正式公文的效用，不具备行政和法律效力。

草稿主要在机关内部使用，除了为征求意见外，一般不发到外机关。草稿一般不归档。

(二)定稿

定稿是由机关领导人正式签发或经一定会议正式通过，即已履行法定生效程序的最后完成稿。

定稿是印制正式公文的唯一依据和标准。定稿也称原稿、底稿或签发稿。一般定稿只有一份，在稿本中具有极其重要的地位。定稿是已经确认的最后完成稿，上有机关领导人修改、签发或一定会议讨论通过的记录和标志，因此定稿最体现公文作者的意图，机关签发领导及相关会议对其负有最终责任，故不经其认可，任何人不得对定稿内容予以修改。

重要公文的定稿不仅有公文的现行效用，还具有历史价值，是日后查考的原始凭证，也是校订和考核正本公文的唯一依据，还可以依据定稿分清公文形成、处理各环节的责任所在。因此发文机关必须将定稿留下存档，不得外发，更不能遗失。定稿还是校订和考核正本公文的依据。

二、文本

根据定稿正式印刷后所产生的称为公文文本，如正本、副本、存本。

(一)正本

正本是发文机关根据定稿，按规定格式印制或缮写的供主送机关贯彻执行的正式公文文本。

正本应具备生效标志等国家标准所规定的格式，正本应是对定稿内容完整、准确的体现。正本体现制文机关的法定权威和意图，具有法定的实际效用，是各主送机关贯彻执行的依据。正本具有重要价值。

(二)副本

副本是根据正本复制、誊抄的公文文本，或正本的复份。

副本可以是根据公文正本复制而成，又称抄本、复制本。目前，副本一般是与正本同时印制出来的正本的复份，因此，副本与正本往往有着同样的外观形式。

副本与正本的用途不同，副本一般主要用于抄送、传阅和备查，是抄送机关办事的依据。

（三）存本

存本是机关留底存档的文本。

存本与正本同时印刷，在外形上与正本没有区别。存本是正本的代表和样本，可以与定稿对照，检查正本发出后出现的问题。若是公文印制过程中的问题，即属发文机关内部的责任，以存本和定稿核对即可查清；以存本和正本核对则可分清外部责任。因此，凡是比较重要的有历史查考作用的公文，发文机关要从制成公文中预留若干份，与定稿一起留底存档。应注意将须归档的定稿、存本等及时归卷。

（四）试行本

试行本又称暂行本、试行草案，鉴于公文内容尚不完善，有待实践检验后再予修订，而先行发布试行的文本。

试行本大多用于条例、规定、办法等法规性公文，通常以暂行、试行、试行草案等字样加圆括号标注在公文标题后，也可以在公文标题的文种前加"试行"，如《国家行政机关公文处理暂行办法》。使用这类文本的公文事实已获批准通过，试行期间具备实际效用，只是考虑到公文内容还不够成熟，故以试行的形式发布施行。

（五）修订本

修订本是已经发布生效的公文，制发公文机关在经过一段时间运行检验后，对其内容进行修改补充，使之更为完善，经重新修订后再发布的公文文本。修订本大多用于规范性公文。通常以圆括号括起"修订本"，标注在公文标题后。修订本发布施行的同时，应说明原有文本即行废止。

（六）各种文字文本

各种文字文本即同一份公文使用不同民族或不同国家的文字印制成的文本。在我国少数民族地区，一份公文往往同时制发汉字文本和少数民族文字文本，如藏文文本、蒙文文本等，两种文本同时有效，同时作为正本。在国际交往活动中，有中文本、英文文本、俄文文本等。我国与某些国家签订条约、协议，制有不同国家文字的文本时，以何国文字的文本为准或同等有效，需在制定公文时共同商定并在公文中注明。

第五章　公文工作概述

公文工作是公文形成、运转过程中进行的一系列工作活动，公文工作通过公文推动机关工作开展。除公文之外，公文学研究的另一主要内容就是公文工作。

第一节　公文工作发展

一、古代公文工作演化

史料表明，我国在殷商时期已在公文工作方面具有明确的意识和做法，并积累了一定的经验，也就是说，至少在公元前 13 世纪，我国殷商奴隶制国家机关就开始应用公文作为管理国家的工具。

殷商时期巫属于知识阶层，由巫从事占卜与记事的公文制作。后期，史逐渐取代巫。史官负责制作和保管公文。从现存史料来看，殷商以迄战国，便有史官的记述，未见史官署的记载。史官制作公文或者记录活动，通常在甲骨公文上刻上自己的名字，以此表示对所作公文负责，并逐渐形成一种制度，签名制度可以说是我国古代最早的一种公文工作制度。

西周时期，史官主要是协助王和官员处理政务、负责公文工作，此时依旧有官无署，没有独立的公文机构，但形成了从中央到地方的公文工作体系。西周注重对公文的保管和利用，实行了副本制度。

春秋战国时，史官地位逐渐下落。至战国，史官已无权在国君左右参与决策，代之以由王左右的御史和尚书等人负责公文工作。至战国期间，玺印的运用已从公卿大夫的私人公文扩大到国家政权机关的公文制度，封官授印，成为权力的象征。

秦始皇统一中国，建立起封建君主专制的中央集权国家，确立了我国封建社会的公文工作。为有效加强皇权，秦朝还制定了抬头制、避讳制等公文工作制度。秦及西汉时，公文工作由丞相府负责，丞相府是国家收授天下公文，颁发诏令的总枢纽。东汉时则由尚书台负责。

魏晋南北朝公文工作基本沿用秦汉时期，但公文工作组织机构实行三省制，形成"中书出令，门下审议，尚书执行"的相互掣肘机制。

隋唐宋时期是我国历史上封建政治、经济、文化高度发展的时期，公文工作得到很大提高，公文工作组织比过去更为健全。公文工作与档案工作有了较明确的分工，标志着我国古代公文工作已发展到一个新的阶段。从公文起草到移交，建立了一套严密系统的制度，并且以法律规定下来，包括：公文一文一事制、公文用纸制、公文拟写与誊写制、公文签押用印和判署制、公文封装和编号制、公文折叠制、公文收发登记和催办制、公文引黄贴黄制、公文移交制以及公文保密等 10 项制度。

元朝的一省制取代了之前的三省制，只设中书省总揽政务，在中书省及其控制地方的派遣机构行中书省中都设机构分管公文工作。制度建设方面，元朝又建立了照刷文卷制度。

明朝公文机构为内阁制，公文工作机构较以前更完备。明朝公文工作制度新增票拟制和行移勘合制。

清朝沿袭内阁制，但雍正时期建立的军机处，除负责皇用公文的拟写与处理外，还参与政务，绕开了复杂流程，具有结构扁平、高效保密的特点，成为皇帝实质上的机要办公厅，使皇权得到空前强化。

我国公文工作在两千多年的封建社会里已演化成一个完整、复杂的工作体系，至清末，公文工作制度已达数十种之多。

二、近现代公文工作的变革与发展

(一)旧民主主义革命时期

1911 年的辛亥革命彻底推翻了我国的封建帝制。南京临时政府于 1912 年年初颁布了《公文程式令》，以强劲的革命力量荡涤了几千年来公文封建积弊，体现了资产阶级政权反封建的民主思想。这次改革主要从公文名称、官民称谓、办文效率、公文纪年等方面对我国封建公文工作体系进行了较为彻底的改革，为以后的公文工作变革奠定了基础。为了强化统治、摆脱公文和公文工作的繁琐混乱局面，提高行政效率，此后又进行了多次改革。公文用语、公文标点、公文分段的改革大大强化了公文的行政管理效能。"公文档案连锁法""行政三联制"的推行，则对公文工作的变革起到了重要的推动作用。

(二)新民主主义革命时期

1. 中华人民共和国成立前

中国共产党在白色恐怖下建立了公文工作体系并逐渐发展壮大。建党后，随着工作活动中公文的日益增多，公文工作机构制度也建立起来。1927年，党中央临时政治局在组织局中设立了我党第一个公文工作专门机构——公文科，并设立专门负责公文传送的交通科。这样，我党的公文工作和档案工作开始分立。以后演变为秘书处下设公文科和交通科。

上海是中国共产党的诞生地，也是我党的公文工作的起始地，这里诞生了我党历史上最早的公文与档案管理办法——《文件处置办法》。1930年，由于环境险恶，中央强调："不需要的公文，必须随时送至公文保管处"。在上海市戈登路1141号(今江宁路673弄10号)悄然筹建中共中央阅文处。这是一幢石库门房屋，党的4万份公文保存在这里。后来这里被称为中央文库。

1931年年初，因为公文、资料已经积累较多，周恩来提出区别不同情况整理、保存公文的意见，并委托瞿秋白起草一个公文管理条例。1931年2月瞿秋白拟订了《文件处置办法》，明确、周详地规定了中共中央应当收集保管的公文资料的范围、内容，以及整理、分类、编目的原则和方法，并且要求切记注明这些公文的年月日，愈详愈好。瞿秋白还加了一个总注："如可能，当然最理想的是每种两份，一份存阅，一份入库，备交将来之党史委员会。"在"将来"两个字旁边，瞿秋白还打上了着重的圈点。周恩来看完这份办法后，亲自批示"试办下，看可否便当"。我党第一个公文工作办法的诞生，使中央文库的公文得以有序管理，这表明尽管在当时极其艰难的环境下，我党仍然非常重视公文的保管与存档工作。

在20多年中，中央文库的10多位共产党人在白色恐怖下，恪守职责。其中有三位被捕、三位牺牲，他们用鲜血、生命与忠诚确保了党的公文的安全。另外需要说明的是，中央文库还有一个公文工作人员就是后来叛变的顾顺章，他的变节给党的地下组织带来了重大损失。

1931年11月7日，在根据地江西瑞金成立了中央工农民主政府，中央执行委员会第一次全体会议通过的《地方苏维埃政府暂行组织条例》就对各级机关的公文工作的机构设置、人员配备和公文的签署制度等作了明确的规定。

我党领导的革命政权还重视公文及公文工作的改革与完善。1938年4月发布了《改革公文程式的理论与实践》的指示信。同年7月又发表《公文程

69

式再加改革令》，提出要改变旧的公文程式，建立我党的新的公文程式，并规定了机关使用的文种。1942年，我党的延安"整风运动"，在整顿"三风"和精兵简政的同时，对公文及公文工作进行了重大改革，以反对文牍主义、党八股、精简与调整公文工作机构以及改进公文工作为中心，使公文工作向着正规化、科学化的方向发展。

1942年1月5日，陕甘宁边区政务会议通过的《陕甘宁边区新公文程式》里已详细规定了公文的类别（文种）形式和注意事项。1949年2月，华北人民政府秘书厅颁布的《华北人民政府公文处理暂行办法草案》，与现今我们所见到的中华人民共和国成立后党和国家颁布的公文法规的形式更为接近，对收文处理、文稿办理、公文缮印、发文处理、检查与结办、公文种类及格式等都作了详尽的规定。

综上可见，从中国共产党成立一直到中华人民共和国成立这段时期，我党在公文工作方面也取得了重大的经验与成果，为我国社会主义时期公文与公文工作体系的建立奠定了基础。

2. 中华人民共和国成立后

中华人民共和国成立之后，党和政府领导机关高度重视我国的公文工作，多次召开专门会议并建立了一系列公文工作法规、制度。1951年，中央政府政务院颁布《公文处理暂行办法》规范中国的公文工作。此后，随着国家建设的发展变化，中共中央办公厅和国务院办公厅分别于1981年、1987年、1993年、2000年及2012年多次进行修订和调整。在党和政府的领导下，我国公文工作发展迅速并形成了我国的公文工作体系。

2012年4月为了适应中国共产党机关和国家行政机关（以下简称党政机关）工作需要，推进党政机关公文处理工作科学化、制度化、规范化，中共中央办公厅、国务院办公厅联合制定、颁发了《党政机关公文处理工作条例》。该条例自2012年7月1日起正式施行，目前我国全国范围的党政机关的公文工作全面遵循这个规范，其他机关和单位的公文处理工作，可以参照本条例执行。

为提高党政机关公文的规范化、标准化水平，2012年6月国家质量监督检验检疫总局、国家标准化管理委员会发布了国家标准《党政机关公文格式》（GB/T 9704-2012）。该标准于2012年7月1日起正式实施。

此外，2015年10月国家档案局发布并于2016年6月1日实施国家档案行业标准《归档文件整理规则》（DA/T 22-2015）；2020年12月国家标准化管理委员会颁布国家标准《党政机关电子公义归档规范》（GB/T 39362-2020），并于 2021 年 6 月开始实施。一系列规范公文，对健全公文工作的法规体系以及我国公文工作的规范化、科学化、现代化具有重要意义。

第二节　公文工作属性与意义

公文工作又称公文处理或文件处理。《党政机关公文处理工作条例》第四条指出："公文处理工作是指公文拟制、办理、管理等一系列相互关联、衔接有序的工作。"

一、公文工作属性

(一)政治性

公文是国家意志的体现，是国家管理政务的重要工具。公文工作就是形成和传达党和政府的方针、政策和法令规定的一项工作，作为党务、政务活动的重要部分，关系到党和国家的大局，各级机关在公文工作各个环节的办理中都应强调政治性，必须符合国家的法律、法规和方针、政策及有关规定，公文工作具有十分鲜明的政治性。

(二)规范性

2012 年中共中央办公厅、国务院办公厅制定颁布的《党政机关公文处理工作条例》第一条指出"为了适应中国共产党机关和国家行政机关(以下简称党政机关)工作需要，推进党政机关公文处理工作科学化、制度化、规范化，制定本条例"。该条例与《党政机关公文格式》等一系列规范、标准是我国各级机关开展公文与公文工作的准绳。全国各机关公文工作各环节的办理都必须严格执行国家颁布的统一规范要求，只有这样才能保证公文工作"科学化、制度化、规范化"，保证公文工作顺利进行，从而保证机关工作的有序开展。

(三)机要性

基于公文是保密信息的主要载体，公文工作部门是各种信息交汇的"集散地"，相当一部分公文具有密级。各级各类组织在工作中均会产生涉密公文，不仅党政机关公文涉及秘密，其他社会组织中也有大量机密公文产生，如专利产品、商业机密等。公文工作的机要性与生俱来，机要性是公文工作的一个重要特性，因此，从事公文工作要求在各个环节均应予以高度重视，防止因公文的失密、泄密而损害使国家和单位的利益。

(四)时效性

公文的形成具有一定目的，解决特定的问题通常有时限要求，这就决定了公文必须具有一定时效限制。公文工作是机关各项工作的基础，公文工作的效率直接影响机关各项工作开展，因此公文工作应追求时效，对公文的各程序要及时迅速并适时处理，防止误时误事。在规定的时间范围内完成公文工作的各个处理程序，从而有效发挥公文和公文工作的作用。

(五)服务性

公文工作是秘书工作的一部分，为本机关领导服务、为本机关其他部门服务、为群众服务的"三服务"是其根本宗旨，其主要任务是基于公文为本机关工作服务，为领导和其他部门的工作提供信息服务，因此，服务性是公文工作的重要属性。这要求公文工作人员有高度的工作责任心和无私奉献的品格。

二、公文工作意义

(一)联系各方的信息枢纽

机关工作必然要利用公文行使其职能，通过公文的制发和办理，将上级机关的方针政策传达到各级机关和人民群众，上级领导的决策和布署得以贯彻；下级机关的工作情况、问题及群众的需求通过公文反映到有关机关，为领导机关研究分析、综合决策提供依据；而机关之间通过公文传递信息、相互协调。实际上，公文工作在机关中是信息吐纳的中心，也是信息交换的枢纽，类似于人体中通过神经系统向各器官组织传递信息，保证了人体机能的健康运行，公文保障了机关工作的正常开展，从而保证社会活动的顺利运转。

(二)辅助领导的信息助手

公文是机关领导和各部门工作人员同外界接触交流的重要渠道，同时也是他们开展工作的依据。公文工作帮助领导和各部门人员掌握机关内部和外部情况，成为他们的"耳目"和主要"信息源"。因此，公文工作本身虽不具有决策功能，但通过形成、处理、管理公文，不仅有助于领导决策，成为其决策意图的主要载体，而且成为有关部门和人员贯彻执行的依据和助手。

(三)开展档案工作的基础

公文是工作活动的真实记录。一个机关开展职能业务和现实工作的同时，也是书写其历史的过程，因此，公文工作是各机关组织形成与积淀历史记忆的过程。档案从公文转化而来，公文是档案的主要源泉所在。公文工作是档案工作的基础，公文工作的质量的优劣，不仅直接关系现行公文及机关工作的质量，也直接影响未来档案的质量，因为一个机关的公文拟制、处理或整理归档不符合要求，那么就会给今后档案的整理、保管和利用工作带来隐患。因此，公文工作每一环节的办理都应严格符合要求和规范，为档案工作奠定了良好的基础。

第三节　公文工作内容与组织

公文工作的总任务，就是及时、准确地处理日常工作中的公文，从而有效地发挥公文的效用，推动机关各项工作开展。

一、基于文件生命周期理论的公文阶段

根据文件生命周期理论，文件整个运动过程所经历的阶段可分为：

(1)公文拟制阶段。即公文撰制形成阶段，自公文拟写至正式生效为止。制文者将思想意图、制文目的赋予公文，通过本阶段的一系列法定程序，公文具备了法律效力和职能效用。

(2)公文办理阶段。即现实效用发挥阶段，自公文正式生效至阅处办理完毕为止。鉴于本阶段公文具备最强的第一价值，经过传递、承办等环节实现信息流动，使公文发挥现行效用，问题得到实际办理。

(3)公文暂时保存阶段。公文已得到办理，完成现实目的，公文的第一价值下降，鉴于此时公文仍然对原形成者有利用价值，因此需要暂时保存。在此阶段里，公文被收集、管理起来，随时提供利用。

(4)公文永久保存阶段。普遍被称为档案，公文的现实效用基本消失，具有历史查考效用，主要体现出对公文形成者以外用户的第二价值。

二、公文工作内容

公文工作具体内容是一个有序、连续、完整的工作过程，随着公文运动阶段而变化，可概括为公文拟制、办理与管理三部分：

(1)公文拟制。《党政机关公文处理工作条例》第五章第十八条规定："公文拟制包括公文的起草、审核、签发等程序。"

(2)公文办理。《党政机关公文处理工作条例》第六章第二十三条规定："公文办理包括收文办理、发文办理和整理归档。"其中，收文办理包括签

收、登记、初审、承办、传阅、催办、答复程序；发文办理包括复核、登记、印制、核发程序。

(3)公文管理。《党政机关公文处理工作条例》第七章规定，公文管理除制度、人员、场所、设施设备外，还包括公文密级、印发传达范围、归档管理等。

第四节　公文工作组织

《党政机关公文处理工作条例》第一章第六条及第七条分别规定："各级党政机关应当高度重视公文处理工作，加强组织领导，强化队伍建设，设立文秘部门或者由专人负责公文处理工作。""各级党政机关办公厅(室)主管本机关的公文处理工作，并对下级机关的公文处理工作进行业务指导和督促检查。"指明各级机关的办公厅(室)是本机关公文处理工作的主管机构，全面负责本机关公文工作。

一、公文工作管理体制

公文是党和国家公务管理的重要工具，公务工作在我国各级机关中具有重要地位与作用，这就要求在全国范围内对公文工作进行统一的领导、管理。我国机关组织是条块结合、网状分布的管理体系，大多机关是在行政系统隶属于各地方政府领导，在业务系统接受同系统的上级机关的业务指导。我国对公文工作实行集中统一的管理体制，其管理原则可从四个层面表述：

(1)全国层面，党、政、军系统分别由中共中央办公厅、国务院办公厅和中央军委办公厅负责统一指导。包括制定和颁发公文工作管理的标准、规范，召开全国性公文工作管理业务会议等。

(2)系统层面，本系统上级机关的办公厅(室)应负责对所属下级机关公文工作进行业务指导和督促检查。

(3)机关层面，各级党政机关办公厅(室)主管本机关的公文处理工作，并对下级机关的公文处理工作进行业务指导和督促检查。

(4)公文部门与档案部门之间，由于公文工作与档案工作之间的密切关系，各级档案行政管理机关应对同级各机关公文立卷与归档工作进行指导和监督；各机关档案部门负责对本机关各部门的公文立卷归档工作进行指导和监督。

二、公文工作机构设置

公文工作内容和对象主要针对公文,属于机关办公厅(室)的一部分,故公文工作机构通常设置在办公厅(室)下,接受办公厅(室)的业务指导和督促检查。不同机关规模下公文工作机构有不同的设置情况:规模较大机关,鉴于公文数量多、公文处理工作任务较重等原因,通常在办公厅(室)下设有负责公文工作的专门机构,如办公厅(室)下设秘书处(科)、机要处(科)等。在一些较小的机关或部门,公文处理数量相对较少,人员编制有限,一般只在办公室设置少量专职或兼职人员负责公文工作。

(一)公文工作机构设置类型

从公文工作机构类型看,我国公文工作部门可分为狭义与广义两类:

(1)狭义公文部门。指专门担负公文工作任务的部门,即机关办公厅(室)的专门负责公文工作的秘书处、机要室及收发等部门。这些专门机构分别专门负责公文的拟制、传递等公文工作部分环节。

(2)广义公文部门。指因负责某些业务而形成或处理公文的职能部门,是公文相关业务得以具体贯彻、落实的业务部门。虽然其工作内容主要对象并非公文,但涉及公文处理工作中拟稿、承办等环节,相对于狭义公文部门而言被称为广义公文部门。

(二)公文工作机构设置层次

从公文工作机构层次来看,我国公文工作部门可分为中心机构、分支机构及专业机构:

(1)公文工作中心机构。即各级机关办公厅(室),它们承担着机关一级公文工作职能,是统领和控制本机关公文工作的指挥部和神经中枢。

(2)公文工作分支机构。即广义的公文部门,指机关的各职能部门,它承担着机关内部门一级的公文工作职能,是中心机构公文工作在各部门的延伸和具体化。

(3)公文工作专业机构。即狭义公文部门,如机要室等,与上述机构不同,它们的工作职能集中于某一公文处理环节,工作内容具有单一性。

三、公文工作组织形式

公文工作的组织形式,是指机关内对公文处理各环节的组织和安排所采用的形式。一个机关采用的公文工作组织形式是否科学合理,直接关系到公文处理工作各程序环节的顺畅运行,关系到整个机关的工作效率与质量的提高，成为搞好机关工作的组织保障。

(一)公文工作组织形式的类型

目前，我国机关公文工作的组织形式有集中和分工两种基本形式。此外，有的机关还采用集中与分工相结合的混合式。

(1)集中式：即除承办环节由职能部门承担外，其他公文工作诸环节的办理均集中由公文工作中心机构完成。这种形式，通常设置有完备的公文工作中心机构和专门机构，并且公文工作人员配备相对集中于上述机构。其优点是便于对公文工作的统一管理和控制，节省工作人员和各项开支，保证公文工作的质量。

(2)分工式：即机关公文工作诸环节的办理，由公文工作中心机构与公文工作分支机构分别承担，共同完成机关公文工作。这种形式，通常从办公厅(室)到各职能部门，形成一个从中心机构到分支机构完整的公文处理体系。其优点是具有分散性与灵活性，有利于满足各部门的具体要求，防止部门之间的相互扯皮，公文处理周期较短，有利于提高整个机关的工作效率。

(3)混合式：即在一个机关中同时存在着集中式和分散式两种公文工作的组织形式。采用这种形式，通常是机关中部分分支机构有单独办理公文的需要，如公文数量特别多或办公地点远离公文中心机构等，并且具备完成公文办理诸环节的条件，其他部门则只承办公文，由中心机构负责完成公文的其余处理程序。因此，混合式尤其适宜有部分职能部门规模、公文数量不均衡或办公地点分散的机关。混合式集集中式和分散式两种形式的优点于一体。

事实上在实际工作过程中，往往很难做到集中与分工形式的绝对区分。某一项公文处理工作究竟由机关公文工作中心机构办理还是由其与公文工作分支机构共同承担，往往要视具体情况而定。即使在业务部门配有公文人员，由公文工作中心机构一手办理公文的情况也屡见不鲜，如上级交办的重要事项以及紧急事项，难有时间再到公文工作分支机构往复处理，公文工作中心机构往往及时进行办理，或者与有关部门有所通气后会同处理。

(二)公文工作组织形式的选择

机关的公文工作采用哪种组织形式，应根据机关的具体情况而定。各机关在选择公文工作的组织形式时，应掌握一定的原则和依据：

1. 公文工作组织形式的选择原则

公文工作组织形式的选择应从本机关实际情况出发，以及时、准确地处理公文，提高工作效率为原则。

除掌握原则外，在选择公文工作具体组织形式时，还应依据以下五个方面的情况综合考虑。

2. 公文工作组织形式的选择根据

(1)机关的职权和业务范围。通常，机关职权和业务范围大，宜采用分工的形式，避免公文工作中心机构超负荷运转，不利于工作。反之，职权和业务范围小，宜采用集中形式。

(2)机关内组织机构设置的层次和数量。一般级别高、内部层次多的机关，内部部门通常数量较大，对这样较大规模的机关，宜采用分工形式；反之，对小机关应采用集中形式。

(3)机关收发公文数量。如果机关收发公文数量大，机关公文处理的工作量相应较大，宜采用分工形式；反之，宜采用集中形式。

(4)机关办公地点的分布。如果机关内部各部门办公地点相对集中，可采用集中形式；反之，如果相距很远，应采用分工形式。

(5)机关公文人员配备。如果机关各部门都配备有公文人员，公文工作分支机构具备充分的公文人员，可采用分工形式；反之，如果编制有限，则受人力资源条件所限难以采用分工形式。

一般而言，分工形式适用于具一定规模的大机关、大公司等，这类机关往往具有工作任务重、人员众、部门多、公文收发量大等情况，若采用集中形式，公文工作中心机构将不堪重负而影响工作效率，各业务部门也会因此感到极其不便。集中形式相对适用于小机关、基层单位，这类机关公文工作相对集中将有利于简化手续，节省人力物力，提高工作效率。对于内部机构层次不太多、业务范围较宽、人员编制较多，尤其办公地点分散的机关，采用混合形式比较理想。

四、公文工作人员与分工

公文工作人员通常又称为文书人员，分布于机关公文工作中心机构、分支机构及专门机构，承担着机关内公文工作诸环节的办理。公文工作是保证各机关工作正常运行的不可或缺的重要岗位，是机关秘书工作的一个重要组成部分，实质上公文工作人员是机关秘书人员的进一步细分。较大机关的秘书处(科)、机要处(科)等专门机构中有专职公文工作人员，较小机关或职能部门通常只设立若干个专职或兼职的公文工作岗位。

一般越是级别高、规模大、职能广、编制多的机关岗位设置越细。按不同标准，公文工作人员类型有多种分法，如根据工作的不同岗位工种，可分为文字秘书、机要人员、收发人员、文印人员；根据机关内公文工作机构设置和人员层次，机关中与公文工作有关的人员可以分为四个层次，具体如下：

(1)领导层。即各机关的负责人。《党政机关公文处理工作条例》第六条规定："各级党政机关应当高度重视公文处理工作，加强组织领导，强化队伍建设，设立文秘部门或者由专人负责公文处理工作。"机关领导不仅应重视抓好本机关公文工作的制度建设、机构及队伍建设等宏观领导，还要对公文工作中涉及政策、方针等重大原则问题做出决策，是整个机关公文工作的"领导层"。在有关其本人工作范围如签发公文等工作环节的处理时，应起到表率作用。

(2)主管层。指机关中对公文工作承担领导责任的办公厅(室)主任。各级各类机关单位都由办公厅(室)主任、秘书处(科)长等负责本机关公文工作。办公厅(室)主任不仅是机关公文工作中心机构的负责人，直接领导机关层次公文的办理工作，还是机关各分支机构公文工作的总负责人，是整个机关公文工作的"控制层"。担负着整个机关公文工作的具体组织、领导、控制及部分公文工作环节(如重要文稿的拟写、审稿和拟办、签发等)的具体处理。

(3)管理层。即机关中公文工作专门机构的负责人。他们以贯彻执行并组织落实领导层和主管层的公文工作意图为己任，具体负责并参与公文工作中如传递、印刷等大部分业务环节的办理等，保证公文工作的正常开展，是机关公文工作的"执行层"。

(4)操作层。指公文工作部门中直接从事公文处理诸环节具体事项的人员。他们具体经手公文的缮印制作、收发、传递、盖印登记、办毕处置、整理归档等，包括公文中心机构、专门机构和分支机构中专职和兼职的公文工作人员。

以上几个层次人员对机关公文工作的顺利开展具有关键作用。对机关内公文工作人员层次的细分，有助于人们对公文工作职责范围的界定，有助于公文工作人员的培养和合理配备，有助于机关公文工作的顺利运行。

第六章　公文工作制度与原则

文件管理贯穿于公文工作的整个过程，是一项系统化的工程。只有通过全方位的制度规范，对公文及文件处理工作各环节进行有效管理、控制、协调，才能保证机关公文工作顺利进行。

第一节　公 文 管 理

一、公文管理规定

《党政机关公文处理工作条例》第七章"公文管理"对公文的全面管理进行了详尽规定：

(一)公文制度、机构与人员规定

第二十八条　各级党政机关应当建立健全本机关公文管理制度，确保管理严格规范，充分发挥公文效用。

第二十九条　党政机关公文由文秘部门或者专人统一管理。设立党委(党组)的县级以上单位应当建立机要保密室和机要阅文室，并按照有关保密规定配备工作人员和必要的安全保密设施设备。

(二)公文涉密与发布规定

第三十条　公文确定密级前，应当按照拟订的密级先行采取保密措施。确定密级后，应当按照所定密级严格管理。绝密级公文应当由专人管理。

公文的密级需要变更或者解除的，由原确定密级的机关或者其上级机关决定。

第三十一条　公文的印发传达范围应当按照发文机关的要求执行；需要变更的，应当经发文机关批准。

涉密公文公开发布前应当履行解密程序。公开发布的时间、形式和渠道，由发文机关确定。

经批准公开发布的公文，同发文机关正式印发的公文具有同等效力。

(三)公文复制与汇编规定

第三十二条　复制、汇编机密级、秘密级公文，应当符合有关规定并经本机关负责人批准。绝密级公文一般不得复制、汇编，确有工作需要的，应当经发文机关或者其上级机关批准。复制、汇编的公文视同原件管理。

复制件应当加盖复制机关戳记。翻印件应当注明翻印的机关名称、日期。汇编本的密级按照编入公文的最高密级标注。

(四)公文撤销、废止和销毁的规定

第三十三条　公文的撤销和废止，由发文机关、上级机关或者权力机关根据职权范围和有关法律法规决定。公文被撤销的，视为自始无效；公文被废止的，视为自废止之日起失效。

第三十四条　涉密公文应当按照发文机关的要求和有关规定进行清退或者销毁。

第三十五条　不具备归档和保存价值的公文，经批准后可以销毁。销毁涉密公文必须严格按照有关规定履行审批登记手续，确保不丢失、不漏销。个人不得私自销毁、留存涉密公文。

(五)机关、人员变动的公文管理规定

第三十六条　机关合并时，全部公文应当随之合并管理；机关撤销时，需要归档的公文经整理后按照有关规定移交档案管理部门。

工作人员离岗离职时，所在机关应当督促其将暂存、借用的公文按照有关规定移交、清退。

第三十七条　新设立的机关应当向本级党委、政府的办公厅(室)提出发文立户申请。经审查符合条件的，列为发文单位，机关合并或者撤销时，相应进行调整。

二、公文管理注意事项

机关文件管理，除了依据《党政机关公文处理工作条例》等国家规范、结合本机关具体情况制定规章制度外，还应重视抓好以下几个方面：

(一)控制文件数量

滥发公文，容易助长官僚主义和文牍主义作风，不仅占用、浪费大量人力、物力，对解决实际问题效用也有限。过量公文也是造成文件处理运转慢、周期长、形成"公文旅行"的直接原因之一，给机关信息流的传递带来阻碍。造成公文数量过大的原因有许多，从文件管理的角度看，管理不善、控制失当是主要因素。

机关行文应精简，只有在必要的情况下才制发文件。文件在机关各项工作中发挥着重要的作用，但不是唯一工具。行文是机关文书工作的重要方式，但不是唯一手段，能用其他方式有效解决的问题，就不应发文。控制发文数量，并不是文件越少越好，而是要用得适当。应以"文件量控制"原则结合本机关具体情况来考虑。

1. 掌握"文件量控制"原则

以机关全局工作和提高效率为出发点，当实际工作确实产生了行文的需要和必要时才行文。所谓行文的需要，就是指若不行文，工作将难以继续开展；行文的必要，指行文后能取得比用其他方式解决更好的效果。反之，凡可行文可不行文时，一律不行文；不应该抄送和可抄送可不抄送的，一律不抄送。凡是可用电话、面谈等办法解决问题的，就不必行文；凡能通盘解决或综合处理的，就不要零星行文；凡带有普遍性而又不涉及党和国家机密，可以机关简报形式发布的文件，可不另外行文；若已发过同样内容或内容基本相同公文，就不要再发文。如果有些文件未产生实际效用，应找出原因，根据不同情况采取不同的解决方法，而不应以发更多文件的方式来解决。

2. 发文应结合具体情况

（1）有关涉及面广、影响时间长的事项应该行文。如事关工作全局，各机关、各部门都要根据这一文件精神来贯彻执行的工作事项。再如在较长一段时间里需要遵照执行的方针、政策等事项。

（2）须以文作证的事项应该行文。如涉及干部任免、机构设置、财物调度以及协议合同等事项。

（3）具有典型和普遍意义的事项应该行文。如对某些典型情况发文通报，可起到教育、警醒有关单位和个人及推动全局工作的作用。

（4）对距离较远、分布较散的下属机关指导工作时应该行文。

（5）对问文应该复文。如对请示、商洽和询问等来文，应行文答复。

（二）压缩办文时间

压缩办文时间是提高机关办公效率的有效措施。分析公文办理的过程可发现，公文办理其实可以归纳为"办理"和"运转"两个部分。"办理"就是公文人员、领导等经手办理公文的相关人员，对文件进行办理的环节；"运转"就是公文在"办理"环节中的迁移传递，大多由公文人员负责。相对于"处理"环节来说，尽管"运转"过程似乎并没有给文件本身带来什么变化，但是如果没有"运转"，"处理"环节就无法衔接，整个公文办理的工作流程就无法开展。因此，压缩办文时间可以分成对各办理环节时间压缩以及对文件运转时间压缩两个方面。

1. 各办理环节时间压缩

提高公文工作效率，应该加强对每一个办理环节的管理，以尽量缩短每一个环节所耗费的时间。对文书办理环节来讲，要完成得既优质又高效就要做到以下几点：

(1)公文办理人员应有高度的工作责任心。人的主观能动性往往是决定一项工作开展如何的重要决定因素。如果相关工作人员忠于职守，热爱本职工作，那么他会最大限度地发挥自己的才能，想方设法把属于他职责范围的工作做得既快又好。反之，如果工作人员不思进取，对做好公文办理工作动力不足，那么就会敷衍了事，造成推诿、扯皮，甚至文件的积压、搁浅，工作效率就无法保证。

(2)公文办理人员应熟悉业务。公文办理人员不仅需熟悉本机关的情况，还要做本职工作的行家里手，对自己业务范围具备较好的工作技能。对有关的规定、要求及操作方法和步骤稔熟在心，实际工作起来就会得心应手。比如，按照文件的缓急时限要求，合理安排办理的先后顺序，优先处理急件和重要件。还应熟悉并严格按照规定处理文件，防止因操作规程不当而造成的走弯路甚至返工现象。

(3)减少文件数量。对不必要发的文件应尽量不发，避免文山会海，这样釜底抽薪，可以直接节省人力、物力，使文件在各个环节降低排队等待办理的无效停留时间，提高工作效率。就发文机关而言，应严格按照行文规则不层层转发文件、不乱抄送文件；不乱发简报、请示等。作为收文机关，当机关内部机构发生变化时，应及时通知有关机关相应调整发文范围和数量。另外，还要注意按规定确定急件范围，不得为图本机关一时之便，随意扩大急件范围，造成急件泛滥，从而影响文件办理效率的提高。

(4)将文件各环节无效停留时间降到最低。造成"公文旅行"的一个重要原因，就是文件每运转到一个办理环节，除了必要的办理、等待办理的时间外，无效等待时间往往过长。另外，有些机关内部各部门工作职责不清，公文办理各环节间衔接、协调不够，也是公文无效等待时间过长的原因。因此，负责文件处理工作的各方面人员，不仅应及时完成自己职责范围内的工作任务，而且还应马上按规定流程转出，以免文件在自己手中耽搁和无效停留。

2. 文件运转时间的压缩

文件在传递、运转过程中也要注意快速、高效。各个办理环节之间都有运转过程，如果把文件每一次运转所需的时间都压缩到最低点，那么对文件办理整个过程来说，工作效率的提高将会十分显著。

（1）及时传递文件。文件的运转工作主要由公文人员承担。因此，文书人员传送文书的速度如何，对提高机关文书工作效率有着直接的影响。文书人员应勤送、勤取文件，在对文件履行必要的登记手续之后，要及时传送，把文件运转所耗用的时间降到最低点。文件传送时，可采取一定的方式方法，如留意领导的工作规律和日程安排，抓住领导在机关的适当时机，及时送阅送签。再如，留言请经常在外的人员回机关后阅处文件。还应合理安排和调整阅文顺序，不因某个人而耽误大家的传阅等。需办理文件的其他人员在传阅和办理完毕公文后，应尽快主动送还给文书人员，而不应消极等待。

（2）科学传递文件。各机关应根据实际情况，科学地组织与安排文件处理流程，防止"公文旅行"。如，坚持主要领导、主管领导、主管部门或承办人员优先传递的"三先"原则传递文件。再如，向收文机关发文时，要选择科学的传递途径和方式，根据本机关及所发文件的实际情况和需要，灵活采用公文的传递方式。

（3）减少办理环节。文件运转过程中部门之间因职责不清、分工不明而造成"踢皮球"现象，是文件运转的"拦路虎"。从机关来讲，必须完善内部管理体系、明晰各部门职责分工和业务范围，从领导到一般工作人员都要建立岗位责任制并定期述职、考核。但由于实际情况千变万化，即使分工再明确，还是会有一些难以说清范围的具体问题。因此，就个人而言，应忠于职守、勇于承担责任。另外，即使有工作分工，如果没有勇于负责的精神，"踢皮球"现象仍会发生。比如文件的签发，主管领导可以作主的，就不要再在领导层传批。机关上下、各部门之间只有密切配合、协同努力减少文书处理环节，避免不必要的"子环节"在自己手中衍生，文件运转效率的提高才有根本保证。

（三）确保公文保密安全

1. 机关保密文书的范围

各机关工作活动所形成和使用的文件中，属于保密范围的主要有：

（1）上级机关、本机关和下级机关产生的保密文件。

（2）党、政会议的原始记录。

（3）人事、保卫、财务工作中的保密文件。

（4）涉及有关人员的政治审查材料以及对犯有各种错误人员的原始调查材料。

(5)处在未公开、未定稿阶段的各种政策、办法、方案及内部发行物。

2. 公文保密制度

对涉密公文，除遵循《党政机关公文处理工作条例》规定的要求外，还必须采取以下保密措施：

(1)非经原确定密级的机关、单位或者其上级机关批准，不得复制和摘抄。

(2)收发、传递和外出携带，由指定人员担任，并采取必要的安全措施。

(3)在设备完善的保险装置中保存。

经批准复制、摘抄的绝密级的国家秘密文件、资料和其他物品，依照以上规定采取保密措施。

不准在私人交往和通信中泄露国家秘密，携带属于国家秘密的文件、资料和其他物品外出不得违反有关保密规定。不准在公共场所谈论国家秘密。

在有线、无线通信中传递国家秘密的，必须采取保密措施。不准使用明码或者未经中央有关机关审查批准的密码传递国家秘密。不准通过普通邮政传递属于国家秘密的文件、资料和其他物品。

未经有关主管部门批准，禁止将属于国家秘密的文件、资料和其他物品携带、传递、寄运至境外。

复制属于国家秘密的文件、资料和其他物品，或者摘录、引用、汇编其属于国家秘密的内容，不得擅自改变原件的密级，等等。

3. 公文办理过程中的安全保密

文件管理的安全保密要落实到文件办理各个环节的具体操作过程：

(1)文件拟制阶段

文件的拟稿部门应正确确定文件的密级、阅读范围、打印份数，对是否允许翻印、报刊能否登载及清退回收等问题应予以明确规定，并分别标在文件的相应位置。

涉密文件要由机要打字员打印或指定的印刷厂、车间印刷有关人员严格按照批准的份数印制，不得截留。校对人员校对时，不得高声朗读，不得私自找人核对。涉密文件印制后留下的草稿、校样等，其中需保留的应与正式文件一样进行登记、管理，余下的应作为密件销毁，不得乱放乱扔。

涉密文件的复制必须履行审批、登记手续。未经同意，不得擅自复印、翻印和摘抄。复制文件要严格按照批准的份数，不得擅自多印留存。密码电报一律不得复印。复制文件应按原文件密级进行管理，复制中形成的废页也应作为密件销毁。

（2）文件处理运转阶段

涉密文件的装封应按照一定的操作规程办理。装封前要履行领导对收文机关、发送份数等内容的签批手续，并做好文件的登记工作。装封时，应按批准份数认真清点、装封，切忌将不同密级的文件混放于同一信封中。密件的信封上要以戳记标明文件密级。封口时，不应用钉书钉封口的方式，绝密文件应采用密封方式。

涉密文件不准通过普通邮政邮寄。利用计算机、传真机等传递涉密公文，必须采用加密装置。绝密级公文不得利用计算机、传真机传输。不得以明码电报拍发秘密文件，也不得明电密电混用。机要交通或本机关机要通信人员在直接传递过程中，应遵守有关制度，专程递送。

涉密文件应由指定人员或收文部门及收文人拆封，其他人员一律不得拆封。涉密文件的登记、编号，应与一般文件分开进行。

传阅涉密文件，必须由指定的人员统一掌握。不经过领导批准，不得擅自扩大涉密文件的阅读范围让其他人员阅看。机关工作人员应在办公室或阅文室阅读涉密文件，高级干部确需在家中阅读涉密文件时，应按照中央有关规定，做好保密工作。传阅或借阅文件，要严格坚持登记制度。

（3）文件管理阶段

涉密文件必须存放在有保密设施的办公室及设备中保管并经常检查。常用的涉密文件随手入柜加锁。

对涉密文件应建立清退制度。如每日送收，每月核账，逢重大节假日前清退等。发现遗失要及时追查处理。因工作调动或其他原因而长期离开岗位前，必须把自己经管的涉密文件全部移交清楚。移交时要造册、清点、核对，并且要履行签收手续。文书人员每年对办理完毕的涉密文件应收集齐全，对有查考价值的要整理立卷，其他可按规定处理。

涉密文件销毁前，必须逐一登记，并在报领导批准后派两名以上专门工作人员护送到指定的造纸厂监督销毁直至销尽。绝密文件应指定专人在本单位销毁。

秘密文件拟制、处理、管理的各个环节，都应建立健全严格的登记制度，在工作过程中还应注意不谈文件中的机密事项，不让无关人员随意浏览，等等。

机关对国家涉密事项定密级时，应当依据国家规定和工作部门的实际情况确定密级和保密期限。涉密文件的密级和保管期限应当根据情况变化由原确定机关或其上级机关决定。保密期限届满的，自行解密。在保密期限内不需要继续保密或需要延长的，由原确定密级和保密期限的机关或其上级机关及时解密或决定延长保密期限。

文书工作中的安全保密，是机关工作的一个重要组成部分，是实际工作的需要。各级各类机关都应重视文件的安全保密工作，把好文书处理的各个关口，确保公文办理中的安全保密。

第二节　行 文 规 则

行文制度是公文工作中的一个重要制度，行文制度包括行文关系、行文方向和方式、行文规则三个方面。党政机关或单位必须严格按照《党政机关公文处理工作条例》规定的行文制度要求，遵循行文关系和行文规则，按照一定的方向、以适当的方式行文。

一、行文关系

行文关系，即发文机关与收文机关之间组织关系和业务关系在公文运行中的体现。我国机关的组织体系是条块结合、网状分布，纵向的系统与横向的层级，每个机关在一定的组织系统中都处于一定的位置、具有一定的职能和业务范围。反映在机关间的行文时，就形成了一定的行文关系。

《党政机关公文处理工作条例》第十四条规定"行文关系根据隶属关系和职权范围确定"。鉴于机关之间有属于同一系统纵向的上、下级关系和横向的平行关系，另外还有非同一系统机关之间的关系，归纳起来，机关之间的行文关系有以下四种类型：

（1）隶属关系：同一系统中，上级机关与其所属部门、下级机关之间，有领导与被领导关系。如上海市人民政府与其下属的宝山区人民政府之间即隶属关系。

（2）业务指导关系：同一专业系统中，上级业务主管部门与下级业务部门之间，有指导与被指导关系。如国家档案局与省（直辖市）档案局之间即业务指导关系。

（3）平行关系：同一系统中，同级机关之间都是平行关系。如上海市人民政府下属的各区、县人民政府之间均为平行关系。

（4）不相隶属关系：非同一系统中，各机关之间均为不相隶属关系。如国家教育部与上海市某医院之间为不相隶属关系。

各机关在行文时必须准确把握收发文机关之间的关系，在此基础上根据不同的行文关系，采用相应的行文方向与行文方式正确行文。

二、行文方向和方式

行文方向即公文发送的去向。行文关系决定了行文方向，行文可分为上行、下行和平行三种方向，分别要求以适当的行文方式发送公文。

机关或单位根据不同的行文方向和行文目的，选择行文方式，上行文和下行文分别有3种不同的行文方式可选择。

(一)上行文及其行文方式

向有隶属关系和业务指导关系的上级机关的行文即上行文。根据需要，上行文可分别采用逐级、多级和越级行文三种方式。其中逐级行文是上行文最基本、最常用的方式。

越级行文是在下列特殊或必要情况下采用的行行形式：

(1)情况特殊紧急，如逐级上报会延误时机造成重大损失。

(2)上级交办并指定越级上报的事项。

(3)多次请示直接上级机关但长期未得到解决的事项，以及与直接上级有争议而无法解决的事项。

(4)对直接上级机关揭发、检举、控告事项。

(5)需直接询问、联系、答复或催办事项。

(二)下行文及其行文方式

向有隶属关系和业务指导关系的下级机关的行文即下行文。针对具体情况，下行文可分别采用逐级、多级和直达基层(又称直贯到底)行文三种方式。

(三)平行文及其行文方式

向有平行关系或不相隶属关系机关的行文即平行文。平行文应采用向受文机关直接行文的方式。

三、行文规则

《党政机关公文处理工作条例》第四章以一章的篇幅对行文规则作了详细具体规定。行文规则是各机关在行文时必须严格遵循的准则。它不仅是公文拟写、处理时的规范，也是实现公文工作精确、高效基本原则的必要措施和保障。行文规则对保证机关公文的正常运转、提高公文工作的质量和效率至关重要。

(一)行文应当遵循的规则

《党政机关公文处理工作条例》第四章行文规则第十三、十四、十七条规定:

(1)行文应当确有必要,讲求实效,注重针对性和可操作性。

(2)行文关系根据隶属关系和职权范围确定。一般不得越级行文,特殊情况需要越级行文的,应当同时抄送被越过的机关。

(3)同级党政机关、党政机关与其他同级机关必要时可以联合行文。属于党委、政府各自职权范围内的工作,不得联合行文。

党委、政府的部门依据职权可以相互行文。

部门内设机构除办公厅(室)外不得对外正式行文。

(二)上行文应当遵循的规则

《党政机关公文处理工作条例》第四章行文规则第十五条明确规定,向上级机关行文应当遵循以下规则:

(1)原则上主送一个上级机关,根据需要同时抄送相关上级机关和同级机关,不抄送下级机关。

(2)党委、政府的部门向上级主管部门请示、报告重大事项,应当经本级党委、政府同意或者授权;属于部门职权范围内的事项应当直接报送上级主管部门。

(3)下级机关的请示事项,如需以本机关名义向上级机关请示,应当提出倾向性意见后上报,不得原文转报上级机关。

(4)请示应当一文一事。不得在报告等非请示性公文中夹带请示事项。

(5)除上级机关负责人直接交办事项外,不得以本机关名义向上级机关负责人报送公文,不得以本机关负责人名义向上级机关报送公文。

(6)受双重领导的机关向一个上级机关行文,必要时抄送另一个上级机关。

(三)下行文应当遵循的规则

《党政机关公文处理工作条例》第四章行文规则第十六条规定,向下级机关行文应当遵循以下规则:

(1)主送受理机关,根据需要抄送相关机关。重要行文应当同时抄送发文机关的直接上级机关。

(2)党委、政府的办公厅(室)根据本级党委、政府授权,可以向下级党委、政府行文,其他部门和单位不得向下级党委、政府发布指令性公文或者在公文中向下级党委、政府提出指令性要求。需经政府审批的具体事项,经政府同意后可以由政府职能部门行文，文中须注明已经政府同意。

（3）党委、政府的部门在各自职权范围内可以向下级党委、政府的相关部门行文。

（4）涉及多个部门职权范围内的事务，部门之间未协商一致的，不得向下行文；擅自行文的，上级机关应当责令其纠正或者撤销。

（5）上级机关向受双重领导的下级机关行文，必要时抄送该下级机关的另一个上级机关。

第三节　公文处理工作基本原则

党和政府历次颁发的公文工作法规都对公文工作的基本原则做出明确规定，体现了我国党和政府对公文工作的准则与要求。2012年《党政机关公文处理工作条例》第五条规定"公文处理工作应当坚持实事求是、准确规范、精简高效、安全保密的原则"。

一、实事求是

实事求是是针对公文工作作风的原则与要求。实事求是是我们党的基本思想方法、工作方法、领导方法，该原则体现了尊重事实，按照客观规律办事的求真务实精神。公文工作是机关上下左右信息流通的重要方式，公文处理的各个环节都要按照实事求是原则，保证公文工作质量。尤其公文拟写环节必须遵循实事求是原则，不得随意夸大、篡改事实真相，以免给工作造成不利影响。

二、准确规范

准确是有关公文工作质量的原则与要求。公文具有权威性、强制性和约束力，是人们工作中贯彻执行的依据，这决定了公文工作必须准确规范。每个公文都有其特定的内容和作用，在政治上，要求文稿拟写等环节应符合党和国家的方针、政策及法律法规，在内容上，要求准确表达公文的主旨，避免歧义，措施对策须切合工作实际，符合公文撰写的规范。在公文收发处理上，每一个环节都要缜密周详，合乎规范，稍有差错就会降低公文的效用，甚至造成严重后果。因此，公文工作人员只有树立高度负责的精神，坚持照章办事，保证质量、准确无误，才能使公文工作在机关工作中发挥应有的作用。

三、精简高效

精简是关于公文内容和数量的原则，高效则是针对公文工作效率的要求。《党政机关公文处理工作条例》第四章行文规则"行文应当确有必要，讲求实效，注重针对性和可操作性""部门内设机构除办公厅（室）外不得对外正式行文"等一系列规定，把行文的权限限定到必要的相对较小的范围内，以精简公文数量。高效要求公文处理各个环节都应力求科学简洁，讲究时效，相关部门人员切实履行职责，杜绝推诿扯皮，做到不积压、不拖拉、不误时、不误事，努力提高办文效率，从而促进整个机关各项工作的顺利运行。

四、安全保密

安全保密首先是对公文工作保密方面的要求。公文是国家机密的主要载体，公文部门是机要公文的主要集散地。记载着保密内容的公文一旦丢失或泄密，就会给工作造成影响和损失。保密性是公文工作的一个重要特性，确保党和国家的秘密是公文工作的一项重要原则。公文工作人员应遵循《中华人民共和国保守国家秘密法》和《党政机关公文处理工作条例》的有关规定，严守秘密，防止任何失密、泄密情况的发生。公文工作人员应正确处理好不同场合下保密与公开的关系，既要防止失密、泄密，又要确保各项工作顺利进行。此外，安全原则还包括公文物质上的安全要求。公文是机关工作的真实记录，公文工作各个环节都要尽量维护好公文载体，防止公文遭受损坏，尽量延长公文的寿命，维护党和国家的历史宝贵财富。

公文工作人员应领会、遵循公文工作基本原则的精神，以此指导公文工作实践，在公文处理各环节中认真贯彻。

第七章　公文拟制与办理

《党政机关公文处理工作条例》第四条规定："公文处理工作是指公文拟制、办理、管理等一系列相互关联、衔接有序的工作。"机关公文工作由一系列衔接有序、环环相扣的工作环节构成。公文拟制与办理，是各机关公务活动的重要组成部分。

第一节　公　文　拟　制

根据《党政机关公文处理工作条例》第五章第十八条，"公文拟制包括公文的起草、审核、签发等程序"。

一、起草

公文起草是公文形成的首要环节。拟稿是一项政策性、思想性和业务性很强的工作，相对其他公文办理工作是一种更具创造性的脑力劳动。

(一)公文起草的要求

《党政机关公文处理工作条例》第五章第十九条规定，公文起草应当做到：

1. 符合党的理论和路线方针政策和国家法律法规，完整准确体现发文机关意图，并同现行有关公文相衔接。

2. 一切从实际出发，分析问题实事求是，所提政策措施和办法切实可行。

3. 内容简洁，主题突出，观点鲜明，结构严谨，表述准确，文字精练。

4. 文种正确，格式规范。

5. 深入调查研究，充分进行论证，广泛听取意见。

6. 公文涉及其他地区或者部门职权范围内的事项，起草单位必须征求相关地区或者部门意见，力求达成一致。

7. 机关负责人应当主持、指导重要公文起草工作。

(二)公文起草的要素

公文起草的四大要素即：主旨、材料、结构、语言。

1. 主旨。主旨是一篇公文要表达的中心思想，是公文的灵魂和统帅。公文起草应紧密围绕主旨进行选取材料、拟订提纲、起草正文并修改。只有正确把握主旨，才能保证公文起草准确体现领导交拟的思想意图。公文的主旨应正确、鲜明、集中，正确提炼公文主旨，是成功撰写公文的重要前提。

2. 材料。材料是公文起草中体现主旨的必要支撑，充分地搜集和掌握材料，是写好公文的又一重要条件。材料的内容、形式和来源十分广泛，国家政策、法律、法规，客观存在的历史事实和现实实践等，只要能说明和表现主旨，都可作为公文起草的材料。材料的搜集应尽量充分全面，内容应准确、客观，不仅要有现在的，还要有过去的材料；不仅要有本单位的，还要有上级和下级的以及其他单位和地区的材料；不仅要有正面的成绩、经验，还要有失败和不足的材料。充足的材料使拟稿者能以比较全面、客观的眼光看待和分析问题，有充分的事实依据来说明问题，从而为公文起草奠定良好基础。

3. 结构。公文的结构是公文的基本格局，直接关系到公文写作的质量。为使公文内容和形式能更好地体现主旨，应对公文进行谋篇布局，对材料进行组织安排。鉴于公文起草要求具有规范性体式，谋篇布局既有灵活性又有规定性，因此起草者应掌握各种文种拟写的规律，在公文拟写的特定结构框架下，合理安排篇章结构，力求达到表达主旨的最佳效果。

4. 语言。公文语言是公文主旨、材料、结构的最终实现方式。拟稿者必须具备良好的语言表达能力。公文语言受其性质、作用制约，要求具有准确、简明、庄重、规范的特点，公文的用语必须真实可靠、用词确切严密。公文起草较多地采用叙述、议论、说明而忌用夸张、隐喻等表达方式，公文的叙述是为了说清事情的基本情况，介绍问题的前因后果、事实真相。议论是为了阐述道理、发表见解，引导阅文者正确认识公文主旨。说明主要为讲清楚一些政策、观点和做法，便于阅文者对公文内容的理解。一般公文不宜使用语气词、口语词汇和方言词汇，应使用规范化书面语言，体现公文的权威性和实用性。

(三)公文起草的步骤

1. 领导交拟，明确主旨。公文的性质和特点决定了公文拟写者所写公文是代表了法定机关的，因此首先必须得到授权。交拟是领导人向拟稿人交待写作公义任务的过程，也是拟稿人得到授权、接受任务的过程。领导可以口头或批示等方式向拟稿人交拟。在这过程中，拟稿人应弄清楚所撰公文的主旨、依据和背景、领导的态度和要求、阅读对象和完成时限等，以便进行公文起草。

2. 了解情况，选取材料。在动笔起草之前应掌握与本公文有关的情况，尽量地收集、积累能说明主旨的有价值的材料。一般起草公文应收集如国家的有关政策、法规，上级的指示意见等材料；掌握本机关如工作任务、机构人员等实际情况材料，并对材料认真核实，尤其对事实和数据要仔细鉴别真伪，在此基础上对材料进行取舍，尽量选取具有典型意义的真实可靠的材料，选用最能说明主旨的材料公文起草。

3. 全面构思，拟订提纲。提纲是公文拟写者写作思路的外在体现，也是公文结构的初步框架。拟写提纲是在公文正式撰拟之前，围绕主旨对公文结构和材料进行通盘考虑、具体排布，为拟稿打好基础的重要步骤。在长期的工作实践中，一些内容相对单一的公文形成了较为固定的结构，如开头、主体和结尾三段式公文段落，拟写提纲应根据公文拟写的规律和规范，对公文的开头、主体和结尾各部分选用最佳的结构安排。

4. 起草正文，反复修改。在做好前几步工作的基础上，可着手起草正文。应紧紧围绕主旨，充分利用材料进行撰写。如果起草内容比较简单、篇幅有限的公文，往往由个人起草。而一些如大型工作报告等重要公文，则可能由集体合作起草。不管何种形式撰拟的公文，均应按照公文起草的要求反复修改完善，全方位确保公文的正确性，以提高公文质量。

二、审核

审核又称核稿，是对起草的公文文稿进行全面检查与修正。

公文自身所具备的法定权威性和作用，决定了公文必须具备更高的质量和水平。核稿也称"审核把关"，发文机关办公厅(室)对公文进行全面审核修改完善，可以进一步审查文稿，是确保公文质量的关键环节。同时，审核是领导签发前的重要程序，通过审核把关全面扫除公文中的缺陷，可以减轻领导终审的负担，为领导签发即公文定稿奠定良好基础。

(一)审核部门与人员

《党政机关公文处理工作条例》第五章第二十条规定，"公文文稿签发前，应当由发文机关办公厅(室)进行审核"，"需要发文机关审议的重要公文文稿，审议前由发文机关办公厅(室)进行初核"。

一般文稿的审核大多采用个人审核方式。个人审核要负责文稿全方位的审核，应对文稿进行反复的审查，修正完善不足之处。

区(县)级以上党政领导机关的重要公文特别是普发性的领导指导公文、法规性公文等，通常都要经过一定的会议讨论，审议是集体审核文稿的基本形式。审议应在发文机关办公厅(室)进行初核的基础上进行。办公厅(室)是综合职能部门，是公文工作的中心机构，作为领导的近身辅助人员，秘书人员对机关工作全局和领导的意图及主旨把握得更透彻。而职业特点也决定了他们对文稿撰写、行文制度等方面更为擅长，并承担相应责任。

(二)审核重点与范围

1. 审核重点

发文机关办公厅(室)进行初核应侧重于从文稿的质量、发文的必要性和行文规则等角度进行审核。《党政机关公文处理工作条例》第五章第二十条对公文审核的重点进行具体规定：

(1)行文理由是否充分，行文依据是否准确。

(2)内容是否符合党的理论和路线方针政策和国家法律法规；是否完整准确体现发文机关意图；是否同现行有关公文相衔接；所提政策措施和办法是否切实可行。

(3)涉及有关地区或者部门职权范围内的事项是否经过充分协商并达成一致意见。

(4)文种是否正确，格式是否规范；人名、地名、时间、数字、段落顺序、引文等是否准确；文字、数字、计量单位和标点符号等用法是否规范。

(5)其他内容是否符合公文起草的有关要求。

2. 审核范围

在实际工作中，一般将发文机关办公厅(室)公文审核的范围归纳为"把关"：

(1)行文关。审核是否确需发文。精简高效是公文处理工作的基本原则。行文规则规定："行文应当确有必要，讲求实效，注重针对性和可操作性。"因此，属于可发可不发的公文就坚决不发；凡可用电话、传真方式解决的，就不再发公文；凡已有过明确规定或在报上公开登载的就不重复发文；凡可以联合发文的就不要各部门分别发文。

(2)政策关。审核公文的内容是否符合党和国家的方针、政策、法令、法规的规定。对不符合党和国家方针、政策或与本系统上级机关要求相抵触的公文内容应予以改正。如与本机关以往所发公文精神相比有变动，则应说明以此公文为准。

（3）程序关。审核公文处理的各个程序是否按规定要求履行，有否错漏。如涉及其他部门职权范围的事项，是否已取得一致意见，该会签的公文是否已经有关部门会签。该经过一定会议讨论通过或报有关领导批准的是否按规定做到等。

（4）体式关。审核公文所使用的文种是否恰当，包括公文用语是否得体、结构安排与语言表述是否较好地表达公文的主旨；公文格式是否规范，各个项目是否按照规定要求拟写和标注；人名、地名、时间、数字、段落顺序、引文等是否准确；文字、数字、计量单位和标点符号等用法是否规范等。

（5）措施关。审核文中所提要求和措施是否符合实际情况，能否解决实际问题，是否明确具体、切实可行；审核由谁执行、如何执行等。

(三)经审核不宜发文文稿的处理

《党政机关公文处理工作条例》第二十一条进一步明确规定，"经审核不宜发文的公文文稿，应当退回起草单位并说明理由；符合发文条件但内容需作进一步研究和修改的，由起草单位修改后重新报送"。发文机关办公厅(室)公文审核应尽量以原来的文稿为基础修改完善，经审核有些文稿不符合要求，应视情况具体处理，主要有三种方法：

1. 秘书人员自己修改。原来文稿基础尚好、改动不大，如属于文字表述、语气用词方面问题的修改，或原来公文起草人难以胜任修改工作，都可由秘书人员根据文稿的实际情况自行修改。

2. 秘书人员请起草人一同修改。发现有涉及政策、措施等实质性内容必须修改，应先向相关部门和起草人查询、征得同意后一起修改；文稿紧急件等因时间紧急来不及周转，也可请起草人一起修改。

3. 退回拟稿部门处理。对不宜发文的公文文稿，应当退回起草单位并说明理由，如不需要发布的文稿，可退回不发；对可用业务部门名义而不需用机关名义发文的文稿，可退回并更正发文名义；对不符合公文处理程序要求的文稿，可退回补办；对文稿基础太差的文稿，若时间还允许，应提出具体意见，退经办部门重新起草。

三、签发

公文签发是发文机关的领导人对文稿审定后批明发文意见并签署。

《党政机关公文处理工作条例》第二十二条规定："公文应当经本机关负责人审批签发。重要公文和上行文由机关主要负责人签发。党委、政府的办公厅(室)根据党委、政府授权制发的公文，由受权机关主要负责人签发或者按照有关规定签发。签发人签发公文，应当签署意见、姓名和完整日期；圈阅或者签名的，视为同意。联合发文由所有联署机关的负责人会签。"

(一)签发意义

签发是公文形成的决定性环节，是绝大多数公文生效的必要程序，是领导行使职权的体现，文稿一经签发，稿本性质即变成定稿，具备法定效用，并据此印制正式公文。因此，签发意味着文稿已被认可确定签发，决定了公文能正式成文并发出。签发环节是机关领导人行使领导职权、承担责任的具体体现。文稿签发，表明文稿内容体现了机关意图，签发领导代表机关对公文承担全面责任和义务。

(二)签发原则

1. 分层签发

(1)以机关名义制发的重要公文和上行文，由机关主要负责人签发。

(2)在既定的方针、政策、法令、计划、决议范围内的一般业务性发文，由机关分管领导签发。

(3)党委、政府的办公厅(室)根据党委、政府授权制发的公文，由受权机关主要负责人签发或者按照有关规定签发。

(4)联合发文由所有联署机关的负责人会签。

(5)会议讨论通过的发文由会议主持人签发。

2. 先核后签

公文发文必须遵循"先核后签"原则。签发是公文生效的法定程序，公文文稿签发前，应当由发文机关办公厅(室)进行审核修改后方能交领导签发。一经签发，公文即成定稿，具备法律效用，不经签发人同意，任何人不得对定稿作任何内容和形式上的更改或变动。

(三)签发要求

1. 为确保公文质量，签发人应本着认真负责的态度，在对文稿进行全面审核修改的基础上进行签发。

2. 签发人签发公文，应当签署意见、姓名和完整日期；圈阅或者签名的，视为同意。

3. 公文应签在规定位置，线下应签在公文"发文稿纸"的"签发"栏。

4. 应根据签发公文的实际情况和需要，以及签发人的身份、职权范围选择适当的签发类型。

(四)签发类型

签发的类型有正签、代签、核签和会签：

1. 正签：指签发人在法定职权范围内签发公文。

2. 代签：指根据授权，代其他负责人签发公文。

3. 核签：又称加签，指重要发文由该机构负责人签发后，再请上级负责人签发。

4. 会签：指联合行文时，由所有联署机关的负责人共同签发。

第二节 公 文 办 理

《党政机关公文处理工作条例》第二十三条规定，"公文办理包括收文办理、发文办理和整理归档"。

一、收文办理

收文办理是指对收进由外机关制成并传递至本机关的公文进行运转处理的全过程。根据《党政机关公文处理工作条例》第二十四条，收文办理主要程序包括：签收、登记、初审、承办、传阅、催办和答复。

(一)签收

签收指对收到的公文应当逐件清点，核对无误后签字或者盖章，并注明签收时间。

签收是收文处理的第一个环节。经过签收，不仅可以明确交接双方的责任并以此作为凭证，而且可以掌握公文的流向为确保公文安全运行提供保障。

签收工作是一项严肃细致的工作，公文工作人员一定要严格履行程序手续，不可粗心。在签收公文时要注意逐件核对收文机关名称、所收公文的件数等，在确认无误后签字或盖章并注明签收时间，完成签收手续。若是急件，还应注明收件的具体时间。

签收分外收发签收和内收发签收两个层次。外收发即机关总收发室，内收发签收即机关办公室公文工作人员对外收发转来的公文以及机要交通或外机关直接送达的公文进行签收。

公文人员的签收应在启封后进行。启封是公文人员的特有职责。凡标明本机关的收到公文，一律由本机关的公文人员启封；凡标明本机关领导"亲收""亲启"件，都应送本人或其委托人启封；密件应交机要室或指定的机要

97

人员启封；收件人名称写明为本机关具体部门，应由该部门公文人员启封。

公文启封应注意认真细致，保持信封和公文的完好，并应认真核对，若发现问题应及时与发文机关联系。检查无误，若有发文通知单或回执单的应及时填好退还。公文人员在办毕与外收发人员的签收手续后应在公文的右上角加盖收文章，然后进行收文登记。

(二) 登记

登记又称收文登记，收文登记是对公文的主要信息和办理情况进行详细记载。

1. 登记的作用

收文登记是收文处理程序中的重要环节，也是公文处理工作中一项重要的工作制度，具有重要作用：

(1) 便于公文的管理和保护。收文登记是公文运转处理的基础工作，也是控制、管理和保护公文的基本手段，登记编号能使公文有序化，便于公文的处理和管理，有效防止公文的积压、丢失和泄密，从而起到对公文的保护作用。

(2) 便于公文的查找和利用。通过登记，公文的相关信息全方位记载在册，便于了解公文的来龙去脉并有效地控制公文，便于公文的查找和利用。

(3) 便于公文的统计和催办。收文登记是公文收受的第一手记录，便于收文数量的一目了然，并可对公文的各个方面的情况进行横向统计，有利于对本机关收文情况进行量化分析，还可监督公文的办理情况，以利于及时催办。

(4) 便于作为工作凭证。收文登记中有签收等项目，可作为了解公文处理状况的依据，因此是公文交接的最好凭证，有利于工作环节责任的查证。

2. 登记的人员与项目

大多机关设有外收发和内收发两个层次。内外收发机构在签收后，应分别进行各自的收文登记工作。鉴于工作职能不同，两者的登记内容有很大差别。

外收发无启封权限，故对收文的登记较为简单，主要项目包括顺序号、收文日期、来文机关、收文机关、签收人、发送方式和备注等。

内收发对收文登记的主要项目有：收文顺序号、收文日期、来文机关、公文标题、来文字号、密级、份数、承办单位、签收人、办理结果、公文处理号、备注等。

3. 登记的范围

收文登记的范围主要依据公文的性质、重要程度、数量和工作需要确定，如大机关收文数量多，登记范围可适当缩小；较小的机关，收文数量少，登记范围可适当放宽。一般，凡正式往来的行文、会议公文等都要登记。对本机关领导和工作人员外出开会等带回的对本机关工作有价值的公文，也应登记在册。具体下列公文材料应予登记：

（1）上级机关：包括领导性、指导性公文和需办理、需阅知的公文。

（2）下级机关：包括请示性、报告性公文。

（3）同级或不相隶属机关：联系性、商洽性或需办理的公文。

（4）机密性公文和资料。

（5）本机关召开会议形成的各种对本机关工作有价值的会议公文及相关材料。

（6）其他重要的、有参考价值的公文。

为提高工作效率，一般外机关发来的不重要、公开或事务性的公文材料，可不予登记，如：

（1）在媒体上公开发表的各种公文，如命令、公报、通告等。

（2）各种公开和内部不保密的出版物，如一般性简报、情况通信、机关报刊等。

（3）各种事务性材料，如便函、事务性通知、介绍信、贺卡等。

（4）私人物品。

应注意的是，对领导"亲收""亲启"件的登记处理，应由收件者本人或其委托拆阅人阅后再定，急件、要件，则应优先登记，做到随到随登随办。

（三）初审

《党政机关公文处理工作条例》规定，对收到的公文应当进行初审。

对收到公文审核，在启动公文办理程序前进行把关，剔除各种不符合行文规则和不符合办理条件的公文，避免公文办理中出现矛盾，有利于提高机关工作效率。

初审的重点是：

1. 是否应当由本机关办理。

2. 是否符合行文规则。

3. 文种、格式是否符合要求。

4. 涉及其他地区或者部门职权范围内的事项是否已经协商、会签。

5. 是否符合公文起草的其他要求。

经初审不符合规定的公文，应当及时退回来文单位并说明理由。

(四)承办

承办指机关相关部门或人员根据有关要求和规定对公文内容的执行与办理。

承办是公文处理工作的核心环节,承办的工作质量直接关系机关工作的质量和效率。

1. 承办的形式

承办的形式主要分两个层面:

(1)职能部门业务层面。由职能部门业务人员针对收到公文的具体事项进行承办,是在职能范围内对公文内容的具体实施和办理,使公文的内容与要求得以实现的公务活动。

(2)公文处理层面。由办公室或职能部门人员针对收到公文的具体事项以公文的形式予以答复,承办即起草制作复文,将对来文的承办结果具体体现在复文中。

2. 承办的方式

针对各种不同性质的公文,应分别采取相应的承办方式:

(1)阅知性公文:应当根据公文内容、要求和工作需要确定范围后分送。

(2)批办性公文:应当提出拟办意见报本机关负责人批示或者转有关部门办理;需要两个以上部门办理的,应当明确主办部门。

(3)紧急公文:应当明确办理时限。承办部门对交办的公文应当及时办理,有明确办理时限要求的应当在规定时限内办理完毕。

3. 分送

分送即公文人员根据原则和要求对收文进行分类并分别送交有关部门或人员的公文处理环节。

公文分送的一般原则与要求:

(1)方针政策性和综合性公文,送办公部门办理。

(2)机关日常业务性、事务性公文,按业务分工和职责范围送相应部门办理。

(3)来文机关答复本机关问文的回复性公文,送原来发文的承办部门或主管人员。

(4)例行公文和有规可循的公文,按常规送有关业务部门;无法判定承办部门的公文,送办公部门,根据拟办、批办意见办理。

(5)领导亲启件,直接送领导本人或其委托人。

（6）公文有明确传达对象和要求的，直接送阅文对象。

公文分送应及时，防止公文积压，对急件应做到随到随时分发。在分送公文时，公文人员应履行签收手续，以分清职责。

4. 拟办

拟办指对来文的办理提出建议和初步意见，供领导人批办时作参考的工作。

《党政机关公文处理工作条例》规定："批办性公文应当提出拟办意见报本机关负责人批示或者转有关部门办理；需要两个以上部门办理的，应当明确主办部门。"拟办是对收文所涉及事项进入实质性办理阶段的一项重要工作。拟办意见是建议性而非决定性的，拟办环节辅助领导决策，具体体现了文秘人员对领导参谋助手作用。

拟办工作通常由办公室负责人或资深秘书人员承担。拟办工作是站在机关全局的立场上，从领导的角度去分析和处理问题，为领导提出合乎客观实际的科学可行的意见和建议。拟办人员应具备较高的政策理论水平和文秘工作能力，熟悉本机关各领导、各部门职责分工和业务范围，能够高质量地辅助领导、处理事务，准确有效地提出拟办意见与方案。

（1）拟办范围

a. 上级机关主送本机关需要贯彻落实的公文。

b. 下级机关或机关直属部门主送本机关的请示性或建议性公文。

c. 平级和不相隶属机关主送本机关的商洽性、询问性公文。

d. 内容需要两个以上部门办理（或有争议的公文），应当明确主办部门。

e. 其他需要办理的公文。

（2）拟办内容

拟办内容即拟办人员在认真阅读来文后，提出的初步处理意见。通常，拟办的内容写在公文处理单"拟办意见"栏内，一般拟办内容有：

a. 拟明批办人。根据公文内容和领导作分工，明确公文内容的主管领导以及公文应送哪位领导批办，如"请某某同志阅批"。

b. 拟明承办部门。根据部门的工作职能和公文内容写明来文应由哪个部门具体办理，并提出承办要求、时限等。如涉及几个职能部门，还要协调好关系并指明主办和协办部门，如"请某某部门阅办"或"请某某部门会同某某部门商办，并将意见报某某领导审批"。

c. 拟明阅读范围。对于需要传阅和传达的公文，拟办意见要提出传阅和传达范围、形式、时间等要素，如"请某某、某某、某某传阅"。

d. 拟明处理方案。拟办人员往往还应提出解决问题的设想，如同意不同意下级的请示及其理由等。如公文需提请会议讨论通过，可注："此件拟提请某某会议讨论"。当提供的拟办方案不只一项时，应表明拟办人员的倾向性意见，以便领导定夺。

e. 提供背景材料。有关问题如果曾经有过先例或有关方面有过相关的政策、规定等，应尽量找到完整的材料送领导，以供批办时参考。

（3）拟办要求

a. 掌握政策规定。拟办人员必须掌握党和国家相关法律、法规与方针、政策，拟办意见应符合国家规定。

b. 熟悉机关工作。办公室联系着整个机关的上下左右，是机关的"中枢"部门。拟办人员只有清楚地掌握各部门工作的职权范围和业务分工以及各部门工作动态，才能提出符合实际情况、正确、有效的拟办意见。

c. 吃透公文精神。拟办人员必须弄清发文机关目的，搞清来文意图，同时考虑来文的缓急时限和密级等因素，在此基础上提出准确的拟办意见。

d. 意见简洁明确。拟办意见应观点鲜明，直述意见和建议，不应模棱两可、含糊其词。拟办意见表述应准确、简明扼要，便于批办者和承办部门一目了然。

5. 批办

批办是领导人对所收公文办理提出批示性意见的工作。

批办通常由领导承担，全局性的重要公文应由机关领导批示办理。机关内职责分工明确的业务公文，可由分管领导或业务部门领导负责批办。批办是机关领导行使职权、办理公务的具体体现。批办是对收文办理的直接指示和安排，对机关公文工作具有关键性的作用，决定了公文办理的人员、时间、办理的程度等，批办意见也是机关各部门公文办理的依据。

（1）批办范围与内容

批办的范围主要是需领导决策的主送本机关主办的重要公文。

批办的范围应该适当。如果范围太大，会牵扯到机关领导太多时间和精力而影响其他重要工作。批办范围太小，应该批办的事项不批，则会造成领导力削弱，使工作达不到应有的要求，甚至造成部门之间扯皮、推诿现象。批办的公文与具体内容：

a. 对上级发来的重大方针、政策性公文和针对本机关的重要指示性公文，应批明贯彻意见、承办部门和具体措施以及应传达的指出传达的范围和方法。

b. 对下级发来的重要请示，应批明予以答复的原则意见及承办部门；对重大问题的报告，应批明阅知的范围。

c. 对同级不相隶属机关发来需要协办的重要公文，应批明承办的部门、必要时批明处理原则、方法和要求等。

（2）批办要求及注意事项

a. 批办意见应明确。不宜出现"拟同意""阅"等模棱两可文字。批办的意见简洁、明确，应该符合业务分工，要求应该切实可行。对拟办意见可批明是否同意或者提出补充及纠正意见；对涉及两个以上部门会同处理的应指明主办部门。

b. 批办应及时。批办关系到来文乃至整个机关的工作效率，所以应及时批办，尤其对紧急公文应随到随批，并注意批明处理时限。

c. 批办应符合规范。注明批办意见后，应写明批办人的姓名及日期。批办应使用钢笔，不宜使用圆珠笔、铅笔等。

（3）拟办和批办的联系和区别

联系：拟办和批办都是公文处理工作中的重要环节，是对公文的处理、承办提出一定原则、做法和要求进行组织和安排，都对公文的承办处理起重要推动作用，均注写在公文处理单上。

区别主要体现在：

a. 承担者区别：拟办通常由办公室负责人或秘书人员承担；批办大多由机关领导负责。

b. 性质区别：拟办是提供给领导批办时作参考的建议性意见或材料，是初步设想或方案；批办是指示性、决定性的批示意见，是办文的最终依据。

c. 时间区别：拟办在前，批办在后，批办通常是在拟办的基础上进行。

d. 位置区别：拟办写在公文处理单的拟办意见栏，批办则写于公文处理单的批办意见栏，也有写在上行文的批示域。

（五）传阅

根据领导批示和工作需要将公文及时送传阅对象阅知或者批示。

传阅是公文运转的重要手段，通过传阅可以在一定范围内传递信息、交流情况，传阅环节直接关系到机关工作的质量和效率。

1. 传阅原则

传阅应依据公文的内容、缓急程度具体安排。通常，有领导批办意见的坚决按批办传阅的顺序办；没有批办意见，应按先办理、后阅知，先主办、后协办的原则依次传阅。对于需办性公文，首先送机关的主要领导、主管领导和承办部门，以便公文得到及时办理。对于参阅性公文，一般要按机关领导的排列顺序从前往后传阅。对需要领导会签或传批的公文，传阅时一般应按领导的排列顺序由后往前传，以便主要领导综合各位领导意见，作出最终决定。

2. 传阅方式

按公文传阅的先后次序，可分随时传阅、同时传阅和循序传阅，在实际工作中，应根据机关的实际情况采用合适的传阅方式，三种传阅方式常常可交叉并用。

（1）随时传阅。由专人将传阅公文送给有关指定人员阅文。执行传递任务的公文人员必须即时亲自将公文送达指定人员。随时传阅减少中间环节，加快传阅速度，缩小知密范围，适用于有密级、有紧急时限的公文，或领导指定的公文。

（2）同时传阅。如阅文室传阅、会议传达、公开发布(报刊、电视、网络等)以及内部公布(公告栏、局域网、邮箱、微信等)。同时传阅节省传阅时间，有利于提高效率，但不适合密级高的公文，适用于不保密、有紧急时限的公文。

（3）循序传阅。如分送传阅、接力传阅。分送传阅即公文人员按照名单和顺序一一送达传阅，直到全部完成为止，这种方法有利于公文人员对公文的控制，但在阅文人员较多的情况下效率不高。接力传阅即按照名单和顺序由阅文者自行直接传递，直至最后一位阅毕，这种方式传阅效率高，但公文人员对公文难以控制，容易造成实际阅文人员突破名单的公文"横传"，甚至公文丢失现象，适用于不保密、无紧急时限的公文。

3. 传阅要求及注意事项

传阅时应注意严格执行公文传阅制度，做到：

（1）阅文签注。阅文者阅毕公文应在《公文传阅单》上签名并注记阅文日期。

（2）按规传送。公文管理部门按领导人批办意见、工作需要或有关的制度规定，应严格按照规定范围传阅，不得漏传、误传、延误。

（3）保证安全。公文传阅应当随时掌握公文去向，一般应以公文人员为中心组织传阅。除特殊情况外，公文不得随意"横传"，一切需要突破传阅范围的阅文需求都应经由公文部门同意。保密公文需到保密阅文室阅文。

(六) 催办

催办即及时了解掌握公文的办理进展情况，督促承办部门按期办结。

本书中是指公文处理过程中的催办，以公文为主要对象，是对需办公文在承办过程中的查询督促。公文处理过程中的催办并不是每个公文都必经的工作程序，但催办贯穿整个公文处理工作。

1. 催办意义

催办可以提醒、督促公文办理部门和相关人员在规定的时限内及时办理，加快公文运行和处理的速度，防止公文积压、滞留现象。催办不仅关系到某一个公文的办理、运转速度，还推动各相关机关、部门之间齐心协力完成任务，关系到本机关整体工作的效率和质量。因此，建立催办制度对监督和检查公文工作的运转处理，克服文牍主义、官僚主义，提高机关工作效率和质量有重要意义，是各机关开展公文工作必要的工作制度和保障机制。

2. 催办范围

需催办公文的具体范围主要包括：

(1) 上级机关主送本机关并需要具体实施、贯彻执行的公文。

(2) 所属部门及下级机关主送本机关的请示及其他需要办理的公文。

(3) 平行或不相隶属机关发来商洽、征询事务需办理或答复的公文。

(4) 本机关发给上级机关批复的请示、批转的报告等。

(5) 本机关要求下属部门或下级机关报送的报告、材料等。

(6) 本机关发给平行或不相隶属机关要求协办或会签的公文等。

(7) 其他需催办的公文，如需办复的重要的人民来信来访等。

3. 催办重点

根据对象，催办可分为两类：

第一类是对内催办，即对本机关内有关部门公文承办情况进行督促，如催促公文的传阅、承办等。

第二类是对外催办，即对本机关发往其他机关并需回复的公文进行催询，如催促协作机关会签公文等。

催办的重点主要在对内催办，催办的重点公文是急件和重要件，做到紧急公文跟踪催办、重要公文重点催办、一般公文定期催办；在公文处理的众多环节中，催办的重点环节是拟稿和签发环节，因此，送负责人批示或者交有关部门办理的公文，公文部门也应负责催办。

4. 催办方式

根据工作的对象和实际需要，机关里对公文办理进行催办的方式主要可采取电话催办、发催办单、会议催办、内部局域网催办等不同方式。

(七)答复

公文的办理结果应当及时答复来文单位，并根据需要告知相关单位。

为提高机关公文工作的效率和规范，若以发文、电话等方式直接答复报文单位，承办单位应及时反馈和通报承办结果，通过抄送或以其他方式告知交办单位和相关单位的公文工作部门。

二、发文办理

发文办理是本机关行使职能制成公文并发往受文机关与部门的工作程序。与收文办理类同，发文办理是机关公文办理的又一重要组成部分。各级各类机关通过日常公文拟制、收文和发文办理程序，上传下达各种公文信息，保障机关各项工作的顺利开展。制发一个公文，除了公文起草、审核、签发在内的拟制程序外，还包括发文办理程序，《党政机关公文处理工作条例》第二十五条规定，发文办理主要程序包括：复核、登记、印制与核发。

(一)复核

对已经发文机关负责人签批的公文，印发前应当对公文的审批手续、内容、文种、格式等进行复核；需作实质性修改的，应当报原签批人复审。

鉴于签发审批手续后，公文即将进入印制环节，此时对公文的审批手续、内容、文种、格式等进行复核检查非常必要，可最后对上述方面进行把关，防止出现疏漏和缺陷，避免产生不合规公文，因此复核是维护公文质量、提高公文处理效率的有效措施和必要程序。

《党政机关公文处理工作条例》规定，经复核需要对文稿进行实质性修改的，应按程序复查。即不得擅自修改，应经签发领导同意后修改，再签发、复审。

(二)登记

登记又称发文登记，复核后的公文，应当确定发文字号、分送范围和印制份数并详细记载。

发文登记应由进行复核的文秘人员根据实际情况，补充和完善公文印发中的必要项目，为公文的印制和发出做好充分准备。

发文登记可采用簿册式登记形式，近年来电脑登记也广泛运用。

登记项目主要有：顺序号、发文日期、发文字号、公文标题、附件、密级、份数、发往单位、签收人、归卷日期、归入卷号、备注等。

发文登记不仅是发送公义的依据，也可作为事后回溯发文办理工作的依据。

(三)印制

1. 缮印

缮印是指将公文定稿按一定的格式制成正式文本的工作。

一般,如普发性公文等印发数量比较大的多送到指定印刷厂印制,印发数量较小的公文则可采用打印、复印的方式。

缮印包括制作校样、校对校样和印制装订环节:

(1)制作校样。缮印和校对两个环节并不是先后进行,而是校对环节处于缮印过程之中。无论是打印还是其他印制方式,通常要先按国家标准规定的公文格式排版,制成少量正式文本的校样,用以进行校对。

(2)校对校样。校对是根据定稿对公文校样核对校正。校对不仅能保证没有错字漏字和版面格式的规范,更重要的是保证不发生政治性和原则性的错漏。校对的方法主要有读校、对校和折校,可根据情况选用。校对一般公文要坚持初校、二校,重要的公文还应进行三校或更多次的校对。

校对应注意事项:

a. 校对要认真负责,一丝不苟,做到从头至尾逐行逐字、每个标点都不能有丝毫的疏忽。特别应注意同音字等容易用错的字。

b. 校对中若发现校样文字与定稿不符,可根据定稿改正。发现定稿中有错漏,应提请核稿人修改。

c. 在公文未发出之前,如发现错误或个别字、词、数字、时间等需作修改,应在修改处加盖校对专用章。

d. 校对时针对错处,应正确使用规范的校对符号,校对符号应尽量标注在文稿的右侧和上、下空白处,不要标注在文稿的左侧,以便于立卷归档时装订。

(3)印刷装订。校对后,根据公文需求数量印制并装订成正式公文。

印制应注意事项:

a. 应忠于原稿。不论是原稿的文字还是格式都不得随意改动。若发现原稿有需修改的不当之处,应向拟稿或核稿人员指出并由他们修改。

b. 应保证质量。做到排版规范准确,字迹清晰端正,页面匀称整洁,装订整齐牢固。

c. 应遵循规定。公文印制必须确保时效与安全,按照公文缓急程度安排印刷,急件须优先付印;对密级较高的公文应由指定的印刷单位或专人负责印制。

2. 用印(签署)

用印即在公文落款处加盖发文机关印章或领导人签名章。

印章是彰显机关职权的凭证,是鉴定公文真伪的标志之一。用印是公文制发的重要程序,凡以单位名义发出的公文经加盖印章或签署才具有法定效力,格式上要求公文须加盖印章,印章是公文的生效标志。

签署包含签发人职务、姓名,一般在公文落款处加盖机关负责人签名章。一般适用于以机关单位主要负责人、法定代表人名义制发的公文。签署权一般由正负责人专有,副职不必联署(特殊情况下副职签署应出具授权书),公布性公文尤其如此;有的专用公文如合同、证书等,需要既用印又签署。

用印应注意事项:

(1)履行手续。公文用印应凭"用印登记单"申请用印,没有印章的机关,如筹备机关、派出机构等,应用所在机关印章代替,并在落款处发文机关名称之后注明代章。

(2)规范用印。所盖印章应与批准用印人的职权范围相符,且与发文名义相符。应严格按照"用印登记单"上"用印份数"盖印。严禁在空白公文纸上盖印。

(3)保证质量。盖印的位置应符合格式规定要求,所盖印章应清晰、端正。

(四)核发

分发也称封发,即公文人员将公文分装并发出的工作。

公文印制完毕,应当对公文的文字、格式和印刷质量进行检查后分发。印制完毕的公文通常以传递或公布的方式把公文信息传送给相应的接收者。

分发步骤:

1. 装封

公文工作人员将印制好的公文装入封筒以备发出。

装封时要求在装寄公文的信封和封套上准确填写收文机关的邮政编码、地址、名称和发文机关的相关信息。在把公文装入封筒前应仔细审检公文的种类和清点公文份数,避免装错信封。如果是密件、急件和亲启件,那么应在封筒上加盖密件戳、急件戳和写明"亲启"字样。

2. 封口

公文的封口有普通封口和密封两类。一般公文采用普通封口,最常见的方法是用胶水或浆糊黏合封口,称黏封。机密性较强的公文如绝密件等应采用密封的方式，目前，密封方式中常用的方法有：

（1）纸封。在黏封的基础上，再加封印有密封标记的密封笺。

（2）印封。在黏封的基础上，再在封口处加盖密封专用章。密封标记上应注明发文机关名称和封讫日期。也有机关在黏封后加封密封笺，然后再在密封笺上骑缝加盖密封专用章。

3. 发送

即将公文以一定方式传递给收文机关的工作。

公文的传递是发文处理程序转向收文处理程序的一个转折点。

《党政机关公文处理工作条例》第二十六条规定，"涉密公文应当通过机要交通、邮政机要通信、城市机要公文交换站或者收发件机关机要收发人员进行传递，通过密码电报或者符合国家保密规定的计算机信息系统进行传输"。

（1）机要交通。机要交通是我国党政高级领导机关之间传递重要秘密公文的专用通道。其具体传递工作由专设的机要交通局（处、科、站）负责。机要交通传递公文具有中间环节少、可靠程度高的特点。机关涉密公文可使用机要交通方式传递。

（2）邮政机要通信。邮政机要通信是党和国家保密通信的重要组成部分，是党和国家赋予中国邮政企业的一项特殊的政治任务。主要负责传递《邮政机要通信寄递范围》（国家邮政局印发）所列党政军机关及国民经济各部门相互之间寄发的国家秘密载体（即经审核注册的县处团级以上党政军国家机关交寄的秘密、机密、绝密级国家秘密载体，其中包括标注密级的经机要通信渠道代发行的涉密内参刊物）。

（3）城市机要公文交换站。城市机要公文交换站是为位于同一城市、有固定公文往来关系机关建立的专门交换公文的组织。县级以上城市，一般都设有"公文交换站"，专门用于本埠范围内有固定公文往来关系的机关集中交换公文。此方式通常只适用于同一地区中在"公文交换站"内有常设信箱的机关。具有减少公文流转环节及节省时间、经费等特点。

（4）收发件机关机要收发人员。即收发件机关机要收发人员把公文直接递送至收文机关。一般机关应设机要收发人员（机要通信员）专职或兼职负责本机关公文的直接传递。在直接送达秘密公文时，必须采用保密措施，确保公文安全。此方式一般适用于收发件机关相距不远的重要公文，能确保公文及时送达。

（5）密码电报或者符合国家保密规定的计算机信息系统。凭借网络等公文远程传输系统，以电子邮件的形式将公文直接发送至收文机关，并通过电子签收或电子回执的方式进行跟踪、确认。目前电子公文的传输渠道主要是通过局域网和专用网，党政机关将一部分普发性公文或没有特殊保密要求的公文上网传输，这样可以把同一个公文发送到一个或多个机关。虽然同传统的公文传递方式相比，网上传输发送不受时间、地域限制，可远距离传递、即时送达，但鉴于网络所存在的安全问题，尤其应注意机密性公文在传递时的保密限制，务必遵循国家规定。

三、整理归档

后在第八章具体论述，此不赘述。

第三节　办毕公文处置

经过上述办理程序并已办理完毕的公文，应进入办毕公文处置阶段。将办毕公文从大量现行公文中分离出来，根据公文的具体情况进行一定处置，恰当地安排其归宿，充分发挥公文效用，提高公文工作质量和效率。

一、办毕公文界定

公文办理完毕即办结公文，是指公文在收文或发文办理程序运转上已经办理完毕，并不意味着此公文所涉事情的结束。

同一个公文从收、发文机关的不同角度来看，"办理完毕"的含义往往是不相同的，因为同一个公文在收、发文机关里办理的程序完全不同：

(1)法规性公文。作为要求其成员严格遵守的行为规范的公文，法规性公文通常时效性较长，发文机关印发后、收文机关阅知后即办理完毕。

(2)指导性公文。作为对下级机关进行领导、指导并部署工作的公文，由于需收文机关贯彻执行而不必办复，故发文机关在发出后即办理完毕，收文机关则在收文并需贯彻执行后才算办理完毕。

(3)询复性公文。作为向上级机关或不相隶属机关请求指示和批准答复审批事项，以及平级、不相隶属机关之间商洽工作、询问和答复问题的公文，由于此类公文需要收文机关收到后研究并予以答复，故只有在发文机关发出复文，收文机关收到复文并采取相应措施办理落实后才算办理完毕。

(4)知照性公文。作为公布、周知有关事项及通报情况而制发的公文，由于知照性公文只需受文机关周知、执行而不必办复，在发文机关发出后即办理完毕，收文机关则在收到并经传阅后即办理完毕。

二、办毕公文处置方法

公文形成背景及内容、性质不同，价值差异极大，故各机关应根据不同情况对办毕公文选择最适当的处置方式。目前办毕公文处置的方法主要有清退、销毁、暂存和整理归档四种。

(一)清退

公文的清退是指公文部门依照有关规定或要求，将办理完毕的公文退还。

办毕公文的清退工作包括发文机关收回须退公文和收文机关公文人员收回传阅公文两层含义。前者指将公文退回原发文机关或其指定机构，后者则是将留在各个工作人员手中的办毕公文收回到公文人员处，以便对办毕公文进一步处置。

清退有利于公文的安全保密，防止公文的丢失，避免不恰当信息的散发，有利于保证公文的严肃性、有效性和权威性。

1. 清退机制

(1)公文人员或领导秘书，应定期协助领导清理公文，对办毕公文进行处理，以免公文在领导处积压。

(2)对调离工作或离退休等长期离职的工作人员，公文人员应在他们离开前主动打招呼提醒他们做好公文的清退工作。

(3)规定在逢国定节假日前须进行公文清退的制度，一来可以做定期清点，防止积压和遗失；二来可以防止公文在公文人员控制范围之外时间过长而造成的失密、泄密现象。

(4)公文部门及公文人员对自己保管的公文应按照收文登记定期清点，做到手中有账，心里有底，文账相符。

2. 清退范围与方法

(1)涉密公文。通常上级机关发的绝密公文均需清退。绝密公文的清退，应由机要部门统一办理。按照发文机关要求的清退时限退还。清退时填写《公文清退清单》，经清点、核对后退还原制发公文机关或由其指定的其他机关。下级机关报送的绝密公文，一般不清退，由上级机关销毁或暂存备查。

(2)有重大错误公文。这类公文一经发现，应及时全部收回，以尽量缩小影响。

（3）供机关领导和有关人员内部传阅公文。这类传阅公文的清退，应加盖"阅后退回"戳，并对阅文者提出阅文时限后在相应范围内传阅，阅毕，由机要人员收回，负责办理清退。

（4）在一定范围内审阅或向相关部门征求意见的未定稿。送审稿和征求意见稿等公文，属外单位的，由本机关公文部门统一负责清退；属本单位的，可直接退还。

（5）不属外发范围的会议公文。会议公文的清退，由会务组负责在发放会议公文时即发给与会者清退公文目录，以便会后公文的清退。

（6）其他需退回的公文。如制文机关要求退还的公文，应按要求退回。

3. 清退要求

（1）公文人员应根据清退要求及收文登记对各部门退来的公文进行仔细清点、核对，直到文账相符。

（2）在此基础上按照要求的期限、数量，保质保量完成，不得随意拖延和缺漏。

（3）清退要按规定程序进行，填写《公文清退清单》一式二份，并履行签字手续。

（4）清退公文应在《收文登记簿》上有所反映，如在相应公文栏目上注明清退的日期和清退编号等。

（5）为确保安全保密，须清退的公文均应标明"此件不准翻印"，一般不进入电子公文系统运转、处理。

（二）销毁

公文的销毁是指按照有关规定，对没有归档和保存备查价值的办毕公文，经鉴别和批准后予以毁灭或消除。

公文销毁不仅能去粗取精、减轻公文部门负担，使公文工作更有针对性和高效有序，同时也是防止公文丢失、泄密的必不可少的积极措施。

1. 销毁范围

不具备归档和存查价值的公文均应属销毁范围。一般包括：

（1）上级指定销毁的公文。

（2）上级任免、奖惩非本机关人员的公文，普发供参阅、无需办理的公文。

（3）归档公文的重份公文。

（4）供工作参考、备案的一般性公义。

（5）征求意见的公文未定稿。

（6）下级仅供参阅的工作简报、情况反映，不应抄送或不必备案的公文。

（7）下级越级抄送的不需办理的公文。

（8）非主管机关会议所发，无需贯彻执行，没有查考价值的公文。

（9）本机关无查考利用价值的事务性、临时性公文。

（10）本机关未经会议讨论、未经领导签发的未生效公文，电报草稿，除重要法规公文定稿外的一般性公文的历次修改稿、公文的校对稿等。

（11）本机关领导人兼任外机关职务形成的与本机关无关的公文。

（12）一般性表态、询问一般性问题、提出一般性建议或意见的人民来信。

（13）其他非纸质载体的失去归档和保存备查价值的公文。

2. 销毁步骤

（1）清理鉴别。将符合销毁条件的公文从公文整体里分离出来。

（2）核查登记。重要公文或秘密公文应逐份核对查验公文价值，并将应销毁公文逐份登录在《公文销毁登记表》上，以报领导审批。

（3）审查批准。一般公文的销毁，可由公文部门或业务部门领导审批，重要或秘密公文的销毁，由公文部门负责人审核批准后，再由保密部门审批。

（4）实施销毁。纸质公文，可按机关实际情况选择采用机器碎纸、化纸浆、焚烧等销毁方法。非纸质公文，则可采用信息覆盖或实体的物理损毁等方式销毁。

3. 销毁要求

（1）个人不得私自销毁公文，销毁公文必须经鉴别和有关领导批准。

（2）机密公文的销毁须有二人同时监销，公文不得丢失、漏销。应销毁的公文、材料，严禁当作废纸向废品收购部门出售。

（3）公文销毁后，监销人员应在《公文销毁登记表》的监销人和销毁时间栏签字，注明销毁的时间、地点、方式。公文销毁中产生的登记表、请示等公文应存档。

（三）暂存

公文的暂存是指对既不属于归档、清退范围，暂时又不宜销毁的办毕公文，再留存一定时间以备查考。

办毕公文暂存有利于公文的日常利用、查阅，在一定时期的考察后，能对这些公文的价值及去留作更客观、准确的判断，是提高公文工作质量与效率的有效措施。

暂存的公文通常仍具有查考利用价值，这类公文包括：仍需经常查阅的已整理(立卷)归档公文的重复文本或复印件、上级机关非针对本单位主要职能的普发性公文、有关机关报来的备案性公文、一时难以判定去留的公文、有一定查考价值的简报、资料等。

公文人员应对暂存公文适当整理、集中保管、妥善管理，使其在日常工作中发挥积极作用，并为今后销毁或整理归档打好基础。

(四) 整理归档

公文的整理归档是指公文在办理完毕后，将具有查考保存价值的公文按一定的原则和方法，及时整理(立卷)、归档。

《党政机关公文处理工作条例》第二十七条规定，"需要归档的公文及有关材料，应当根据有关档案法律法规以及机关档案管理规定，及时收集齐全、整理归档。两个以上机关联合办理的公文，原件由主办机关归档，相关机关保存复制件。机关负责人兼任其他机关职务的，在履行所兼职务过程中形成的公文，由其兼职机关归档"。公文办理完毕后，应当根据有关规定，及时整理(立卷)、归档。整理(立卷)归档，是有查考保存价值公文的归宿。

整理(立卷)归档是公文工作和档案工作的交接环节，它既是公文工作的最后环节，又是档案工作的起始点。针对同一对象，人们通常把归档前的称为公文，归档后的称为档案。

鉴于公文整理(立卷)归档内容多、篇幅大，故将以一章篇幅在第八章《公文整理与归档》中具体论述。

第四节　电子公文系统的公文办理

为规范电子文件管理，确保电子文件的真实、完整、可用和安全，保存国家历史记录，中共中央办公厅、国务院办公厅 2019 年印发《电子文件管理暂行办法》对电子公文的形成与办理等进行规范。此外，2016 年我国正式发布《党政机关电子公文系列标准》(GB/T 33476~33483-2016)，该标准系统规定了机关电子公文格式、标识、应用接口、元数据、电子印章、系统建设及维护等一系列规范，为我国党政机关电子公文使用、管理和系统建设提供有力保障。

随着各级党政机关电子公文系统的广泛应用，现在越来越多机关的公文办理在电子公文系统中进行。鉴于已建立的"电子文件学"学科主要以电子公文为对象展开研究，因此本书在此只着重关注电子公文系统中的公文运转办理。

一、电子公文系统的公文办理概述

目前，许多单位研制使用的电子公文系统管理软件，将公文办理程序嵌入其系统，利用电子公文系统实施公文处理，大大提高了公文办理效率。电子公文系统中电子公文的生成、办理、运行一方面要遵循国家对公文管理的一系列原则、规定和要求，另一方面又要受到电子公文系统环境及电子公文本身特点的制约。目前，国家有关部门已出台了如《电子文件管理暂行办法》等法规，但相对不够具体。另外由于基础和条件等种种原因，各地电子公文管理的发展很不平衡，各机关系统根据自己情况开发、购买电子公文系统，因此电子公文系统的使用并不规范、统一。

(一)电子公文系统的结构

电子公文管理系统的软件设计多种多样，以专业的电子政务软件开发商上海互联网软件有限公司研发的电子公文管理系统为例，该系统中有关"公文办理"设有待办待阅、收文管理、发文管理、公文查询、部门组卷、档案管理、公文字典等模块。待办待阅模块有待办箱、待阅箱、暂存箱；收文管理模块有收文登记、收文一览表、收文查询、办结处理；发文管理模块有拟稿、发文一览表、发文查询、办结处理；公文查询模块有流转查询、已撤销公文、查询传阅公文；部门组卷模块有公文拟归档、组卷、案卷管理、档案提交。另外，还有档案管理和公文字典模块等。

电子公文系统中则通常将公文办理划分为若干个模块，各个模块下分别设有子菜单，以实现公文的发文办理和收文办理两大运行处理程序。通常一些电子公文管理系统在公文的某个环节处理完毕提交后，需同时向下一个环节办理人员发送一个办理通知，下一环节责任人接到通知后，通过通知中的文档链接跳转到该公文，开始操作办理。随着公文在各环节的流转，直至最终完成电子公文系统中的公文办理程序。

收文管理、发文管理和部门组卷模块是工作人员公文办理的具体操作环节。工作人员根据各个公文的实际情况，并依据系统中上述模块公文处理各界面的具体提示，办理公文的收文、发文管理各环节以及办毕公文的处理。

公文查询模块是公文处理过程中的流程跟踪机制。该模块包含流转查

询、已撤销公文、查询传阅公文等菜单项目。公文查询模块跟踪记录收
(发)文全程办理情况，详细记录公文的基本信息、当前状态、办理过程和
办理结果。主要供工作人员在公文处理过程中查看某一公文的各项信息和公
文内容，以随时了解、掌控公文处理、流转状况。

　　档案管理模块包括档案接收、案卷核查、查询统计、借阅管理等菜单，
是公文归档后档案管理阶段的工作内容。

　　公文字典则是各模块、菜单中所涉及项目、人员等名单的汇总，它可根
据具体情况增添与删减。

(二)电子公文系统的公文办理程序

　　本节以上海互联网软件有限公司研发的电子公文系统为例，讨论公文在
电子公文系统中的办理程序。

　　1. 进入系统

　　进入系统的基本操作步骤：

　　(1)完成登录，进入系统。

- 　　打开"用户登录"窗口(见图7-1)。
- 　　在此界面中录入"用户名"和"密码"。
- 　　单击"登录"按钮，实现登录，进入首页。

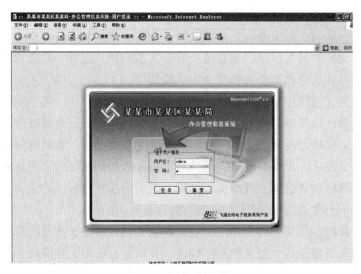

图7-1　用户登录界面

2. 浏览首页，了解任务(见图 7-2 公文办理首页界面)。

- 点击"公文办理"模块。若有需执行的任务，在此会给出提醒。
- 点击"任务"提示栏下的任务链接，进入待办待阅界面。

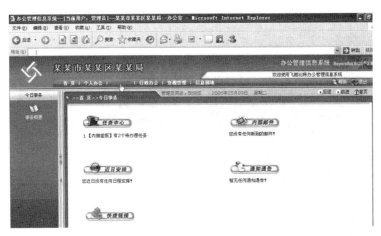

图 7-2　公文办理首页界面

待办待阅模块集中了需办理的公文工作(见图 7-3 待办待阅界面)。工作人员应每天查看、办理"待办待阅公文"。

图 7-3　待办待阅界面

二、电子公文系统的公文拟制

(一) 系统中公文起草

- 点击"发文管理"模块。出现拟稿、发文一览表、发文查询、办结处理菜单。
- 点击"拟稿"菜单，出现"新建拟稿"界面(见图7-4)。

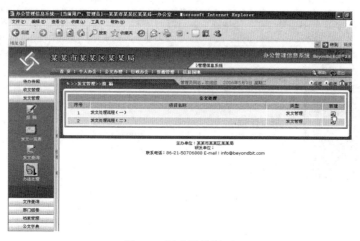

图 7-4　新建拟稿界面

- 点击"新建"，进入如图7-5拟稿界面。

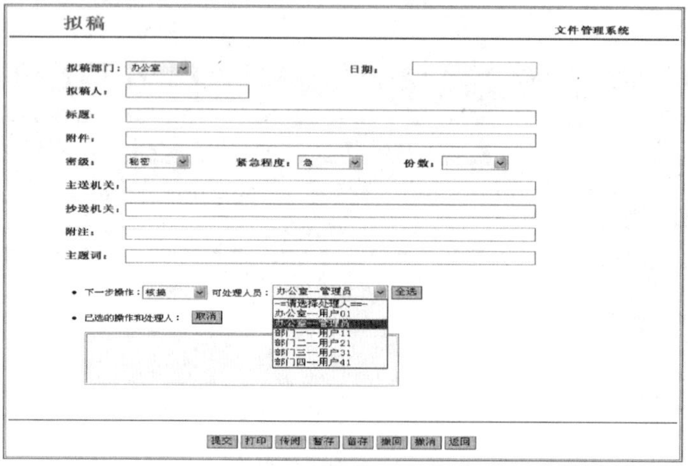

图 7-5　拟稿界面

- 在此界面中完成公文草拟后，可将公文放在"附件"传递下一环节。
- 点击"下一步操作"下拉菜单，选取"核稿"环节。
- 点击"可处理人员"下拉菜单，选取"核稿"环节处理人。
- 保存并点击"提交"按钮，公文进入"核稿"阶段。

(二) 系统中公文审核

审核人员审核步骤如下：

- 点击"待办待阅"模块，打开"待办箱"，可见"待处理公文"的核稿任务界面(见图 7-6)。

图 7-6　核稿任务界面

- 点击"任务"栏下的"核稿"超链接，打开"核稿"界面。或通过点击"发文管理"模块进入"核稿"界面。"核稿"界面中显示核稿环节需写内容，如：核稿部门、人员、核稿意见等。(见图 7-7 核稿界面)
- 输入核稿信息。
- 点击"下一步操作"下拉菜单，选取"签发"环节。
- 点击"可处理人员"下拉菜单，选取签发人。
- 保存核稿信息并提交。还可以根据需要通过点击"返回"按钮，将该发文退回到原先的拟稿人处进行各种操作。

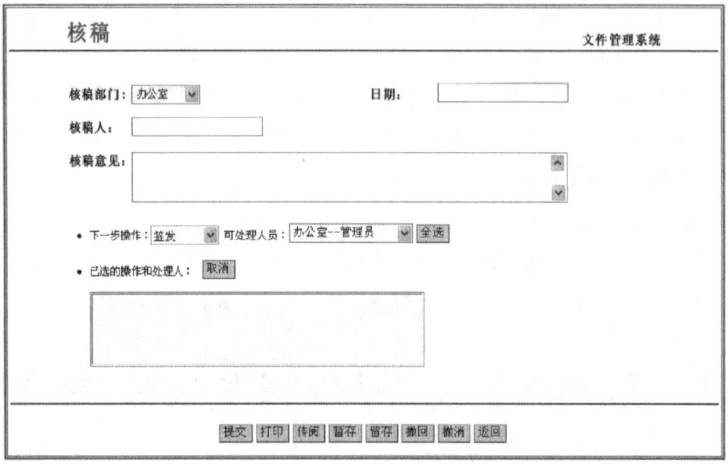

核稿
文件管理系统
核稿部门：办公室
日期：
核稿人：
核稿意见：
下一步操作：签发
可处理人员：办公室--管理员
全选
已选的操作和处理人：
取消
提文
打印
传阅
暂存
留存
撤回
撤消
返回

图 7-7 核稿界面

(三) 系统中公文签发

在电子公文系统内对发文进行签发的主要步骤：

- 经“发文管理”模块或“待处理公文”任务提示进入签发任务界面，如图 7-8 所示。

某某市某某区某某局
办公管理信息系统
待处理公文
标题
收文号/发文号
类型
提交人
提交日期
任务
abcd
2006收字第33号
公文收文
2006-05-09
签发
收文管理
发文管理
文件查询
部门组卷
档案管理
公文字典

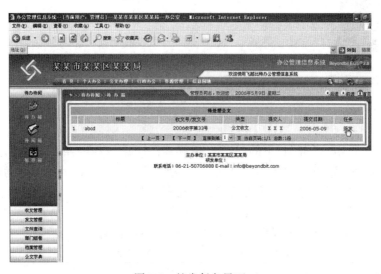

图 7-8 签发任务界面

● 点击任务栏下的"签发"链接，进入"签发"界面，见图 7-9。显示的信息包括签发意见、签发人、签发日期等。若是联合行文，还应输入会签单位、会签人及会签日期。

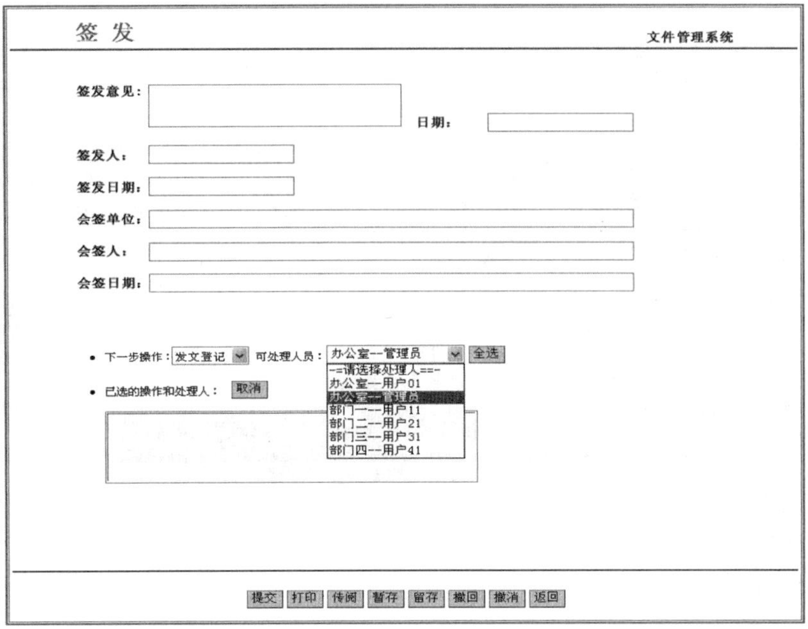

图 7-9　签发界面

● 输入签发信息。
● 点击"下一步操作"下拉菜单，选取下一操作环节。
● 点击"可处理人员"下拉菜单，选取下一环节处理人。
● 保存签发信息并提交，完成对本环节的处理。

经签发后，公文的内在内容已拟订，实质上已拟制形成，撰文阶段告一段落，公文进入制发阶段。

三、电子公文系统的收文办理

在发文管理和收文管理模块中，分别有流程图、一览表及查询菜单。"收（发）文一览表"按一定顺序，将收（发）文集中排列。可通过"收文一览表"或"收文查询"达到了解公文基本信息和具体内容，进而在具有处理权限

121

的前提下，修改有关信息的目的。其操作的具体步骤是：

- 点击"收文管理"模块中的"收文一览表"菜单，出现"收文一览表"界面(见图7-10)。表中显示的信息包括该公文的收文日期、主题、收文编号、内容、目前在公文处理中所处的位置及流转情况等基本信息。

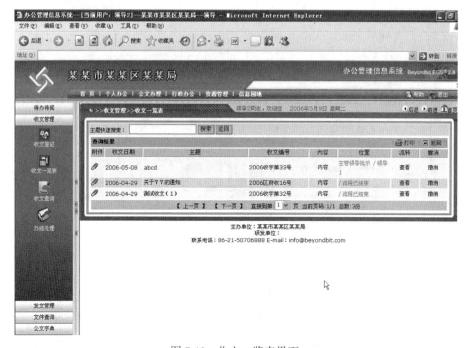

图 7-10　收文一览表界面

- 在收文一览表清单中选中公文，点击该公文在"附件栏"中的附件标识(即一回形针图案)，可打开该公文正文，从而可以查看该公文的详细内容。
- 点击"收文管理"模块中的"收文查询"菜单，出现"收文查询"界面(见图7-11)。表中显示的信息包括该公文的类别、标题、收文编号、收文类型、来文单位、收文日期、当前所处的状态等信息。
- 点击"重写"按钮，具有本环节处理权限的公文人员还可对上述信息进行修改。

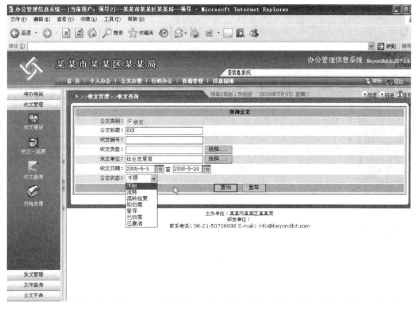

图 7-11　收文查询界面

(一) 系统中公文收文登记

登录进入系统后, 收文登记的操作步骤如下:

- 点击"收文管理"模块。出现收文登记、收文一览表、收文查询、办结处理菜单。
- 点击"收文登记"菜单, 出现"收文登记新建"界面(见图 7-12)。
- 点击"新建"链接, 进入收文登记界面。此界面中显示收文登记的一系列信息(见图 7-13 收文登记界面)。
- 输入收文登记的相应信息。
- 点击"下一步操作"下拉菜单, 选取下一环节。
- 点击"可处理人员"下拉菜单, 选取下一环节处理人。
- 保存并点击"提交"按钮, 公文进入下一环节。

对需要办理的公文通常需另填"收文处理单", 采用簿册式登记的, 要将"收文处理单"贴附在公文表面随文运转, 以供公文在处理过程中标注处理意见。输入电脑进行公文登记的, 许多机关则设置"收文处理单", 便于公文在网上的流转处理。图 7-14 是某一区级机关的"收文处理单"界面。

图 7-12　收文登记新建界面

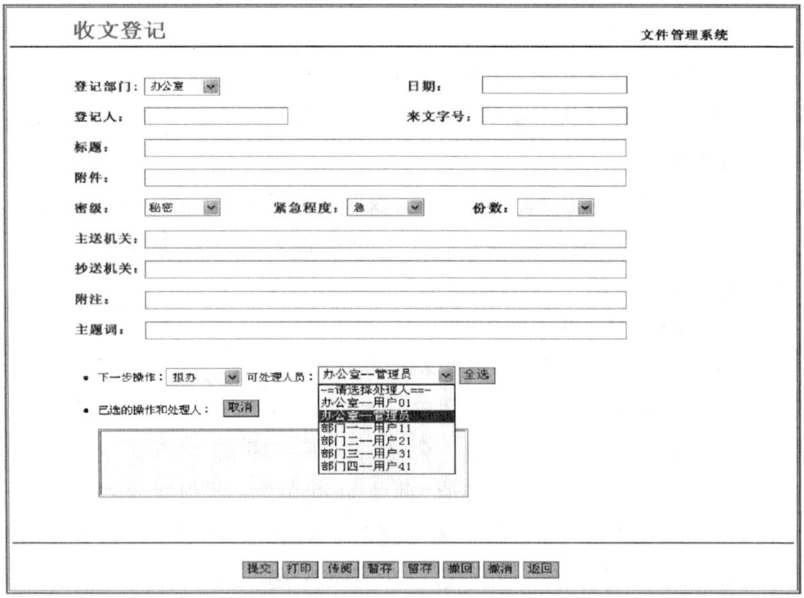

图 7-13　收文登记界面

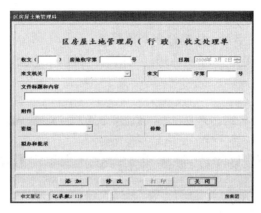

图 7-14 收文处理单界面

(二) 系统中公文收文审核

在电子公文系统中，可通过收文管理模块中的收文查询菜单进行收文审核。

- 点击"收文管理"模块，出现下置菜单。
- 点击该菜单中的"收文查询"（见图 7-15 收文查询界面 A），进行公文各数据项的浏览、审核与修改。

图 7-15 收文查询界面 A

125

- 点击该菜单中"收文一览表"(见图 7-16 收文一览表界面),可查询收文的日期、公文字号、位置等多个数据项。
- 点击"附件"项中的"回形针"标识,可打开公文的正文,进行浏览、审核。

图 7-16　收文一览表界面

(三) 系统中公文拟办

电子公文系统的公文拟办同纸质公文的拟办实质一致,只是形式不同(见图 7-17 拟办任务界面)。

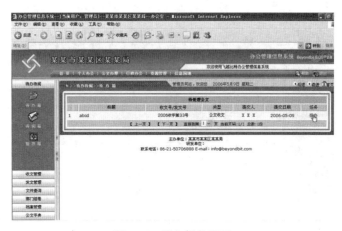

图 7-17　拟办任务界面

● 点击"任务"栏下的"拟办"链接，打开"拟办"界面。或通过点击"发文管理"模块进入"拟办"界面。"拟办"界面中显示拟办环节需写内容，如：拟办部门、拟办人员、拟办意见等(见图 7-18 拟办界面)。

图 7-18　拟办界面

● 输入拟办信息。
● 点击"下一步操作"下拉菜单，选取"批办"环节。
● 点击"可处理人员"下拉菜单，选取批办人。
● 保存拟办信息并提交。完成拟办操作。

(四) 系统中公文批办

电子公文系统的公文批办步骤：

● 点击"待办待阅"模块，打开"待办箱"，可见"待处理公文"的批办任务界面(见图 7-19)。

图 7-19　批办任务界面

- 点击"任务"栏下的"批办"超链接，打开"批办"界面。"批办"界面中显示批办内容，如：批办部门、人员、批办意见等(见图7-20批办界面)。

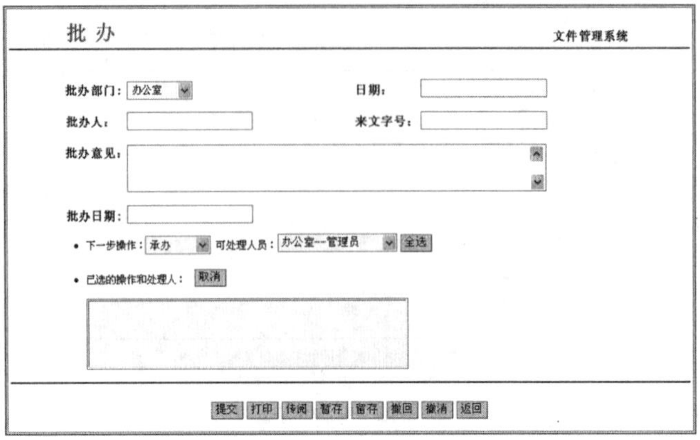

图 7-20　批办界面

- 输入批办信息。
- 点击"下一步操作"下拉菜单，选取下一环节。
- 点击"可处理人员"下拉菜单，选取下一环节处理人。也可以发送至公文人员处。
- 保存批办信息并提交。

(五)系统中公文承办

步骤为：

- 经"收文管理"模块或"待处理公文"任务提示进入承办任务界面(见图7-21承办任务界面)。
- 点击"任务"栏下的"承办"超链接，打开"承办"界面。该界面中显示承办环节内容，如：承办部门、人员、承办意见等(见图7-22承办界面)。
- 输入承办信息。
- 点击"下一步操作"下拉菜单，选取下一步处理环节。
- 点击"可处理人员"下拉菜单，选取下一步处理人。在公文承办完毕后，此时公文通常被提交至本部门的公文人员处，由其负责公文的注办、催办、查办以及对办毕公文进行处置。
- 保存承办信息并提交。

128

图 7-21　承办任务界面

图 7-22　承办界面

四、电子公文系统的发文办理

(一)系统中公文复核

在电子公文系统中，公文发文办理的各个环节都能通过发文管理模块中的发文查询菜单查询，了解该公文及其处理情况。在公文"复核"环节中，公文人员等有权限的办理人员还可通过"重写"按钮等方式请求进一步修改。发文查询界面如图 7-23。

图 7-23　发文查询界面

(二)系统中公文发文登记

电子公文系统中发文登记的具体步骤:

- 经"发文管理"模块或"待处理公文"任务提示进入发文登记任务界面(见图 7-24)。

图 7-24　发文登记任务界面

- 点击任务栏下的"发文登记"链接，进入"发文登记"界面(见图 7-25)。显示的信息包括登记部门、登记人员、发往机关、制文部门、发文字号、印发日期等。

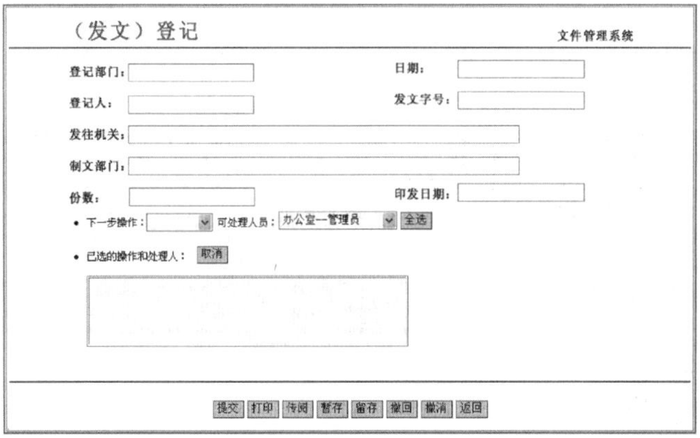

图 7-25　发文登记界面

- 输入登记信息。
- 点击"下一步操作"下拉菜单，选取下一操作环节。
- 点击"可处理人员"下拉菜单，选取下一环节处理人。
- 保存登记信息并提交。

许多单位发文的复核、注发、发文登记和分发环节都由公文人员统一负责操作，这样有利于公文的控制和管理，有利于提高公文工作的效率。

五、电子公文系统的办毕公文处理

电子公文系统中通常由公文人员负责对办毕公文进行处置。以上海互联网软件有限公司研发的电子公文管理系统为例，在发文管理和收文管理模块中，下置菜单最后部分均有办结处理环节。

发文管理办结处置的操作步骤如下：

- 经"发文管理"模块或"待处理公文"任务提示进入发文办结处理界面 A(见图 7-26)。显示拟稿日期、主题、发文编号、位置等发文的基本信息。
- 点击"处理"栏下的处理标识超链接，进入发文办结处理界面 B(见

图 7-27)。此界面除了显示发文的基本信息外，还有可供选择的几种办结操作：发文制文、拟归档和公文相关文档管理。

- 点击"拟归档"或"公文相关文档管理"的超链接可进入这些界面，进行公文的办结操作。

图 7-26　发文办结处理界面 A

图 7-27　发文办结处理界面 B

(一) 系统中公文销毁

各公文办理环节在电子公文系统中完成并提交后，系统中公文销毁环节通常由机关公文人员负责办理。电子公文的销毁同样要严格遵循公文销毁的范围、程序和要求，保证销毁的顺利进行。

以上海互联网软件有限公司研发的电子公文管理系统为例，发文销毁(收文销毁与此类似，只是在"收文管理"模块中操作)系统内的具体操作步骤如下：

- 经"发文管理"模块或"待处理公文"任务提示进入发文办结处理界面 A(见图 7-26)。
- 点击"处理"栏下的处理标识超链接，进入发文办结处理界面 B(见图 7-27)。
- 点击"办结操作"中"公文相关文档管理"的超链接可再打开公文销毁界面(见图 7-28)。该界面中显示销毁环节内容，主要如：销毁部门、人员、销毁请示以及批准人、批示意见、批示日期等信息。

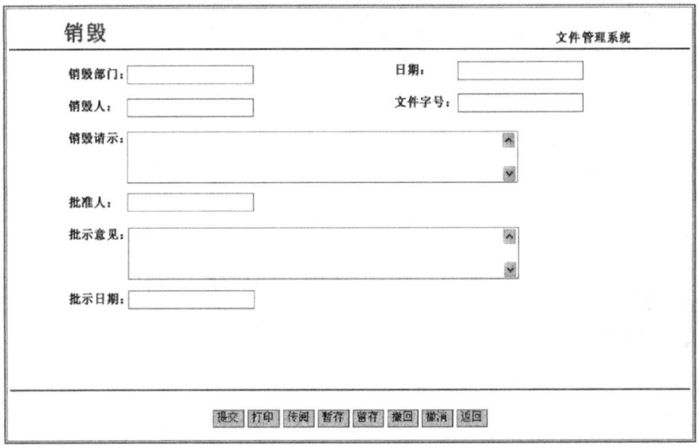

图 7-28　公文销毁界面

机关公文人员在输入销毁部门、人员、销毁请示等内容后，将公文提交给相应领导审批。领导签注批准人姓名、批示意见及批示日期后再发还给公文人员，从而完成销毁环节的程序性准备。电子公文系统中公文销毁的操作非常便捷，只需选中该公文然后点击"删除"即可。值得注意的是，在对系统内的公文作物理删除之前，对需归档的公文务必要检查确认是否已留有纸质文本，以便于归档。

(二) 系统中公文整理归档

公文整理(立卷)归档的具体内容将在第八章《公文整理与归档》中详细阐述。在此仅简要讨论电子公文系统中公文的整理组卷与归档操作。

公文的整理组卷操作步骤：

- 经"发(收)文管理"模块或"待处理公文"任务提示进入发(收)文办结处理界面 A(见图 7-26)。
- 点击"处理"栏下的处理标识超链接，进入发(收)文办结处理界面 B(见图 7-27)。
- 点击"办结操作"中"公文相关文档管理"的超链接可再打开公文拟归档界面(见图 7-29)。该界面中显示的信息包括归档信息、公文信息和备注说明三部分。

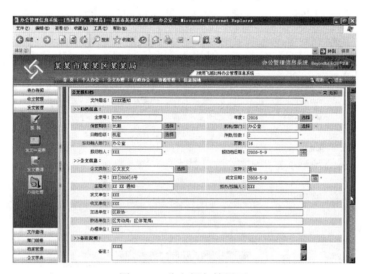

图 7-29　公文拟归档界面

- 输入相关信息。
- 点击"下一步操作"下拉菜单，选取下一步处理环节。
- 点击"可处理人员"下拉菜单，选取下一步处理人。
- 保存拟归档信息并提交。

上述操作也可以通过直接进入"部门组卷"模块进行。"部门组卷"模块的下置菜单包括公文拟归档、组卷、案卷管理(见图 7-30 案卷管理界面)和档案提交。在此系统中被称作公文拟归档的环节实质上也属于公文立卷工作。完成部门组卷后，公文经过档案接收(见图 7-31 档案接收界面)，即完成归档程序，进入档案管理模块。自此公文便完成了向档案的转变。

图 7-30　案卷管理界面

图 7-31　档案接收界面

第八章　公文整理与归档

《党政机关公文处理工作条例》第二十七条规定："需要归档的公文及有关材料，应当根据有关档案法律法规以及机关档案管理规定，及时收集齐全、整理归档。"

根据谢伦伯格"文件双重价值理论"，公文在办理完毕后，对其形成机关的行政管理等原始价值已经趋小，而作为证据使用的从属价值开始趋大。从属价值即文件对其他机关和个人利用者的使用和研究价值，包括证据价值和情报价值，是决定文件能否转化为档案永久保存的重要依据，因此又称为档案价值。

2015 年 10 月 25 日国家档案局发布中华人民共和国行业标准 DA/T22-2015《归档文件整理规则》(以下简称《规则》)，规定了应作为文书档案保存的归档公文的整理原则和方法。《规则》适用于各级机关、团体、企事业单位和其他社会组织对应作为文书档案保存的归档公文的整理。目前，我国各级各类机关工作中根据本单位的实际情况，采用公文文件级与案卷级并存的整理方式。鉴于此，本章分两节对这两种方法分别介绍。

第一节　归档公文整理概述

根据《规则》，归档公文的定义是立档单位在其职能活动中形成的、办理完毕、应作为文书档案保存的文件材料，包括纸质和电子文件材料。

归档范围内的公文，应当根据其相互联系、特征和保存价值等整理(立卷)，要保证归档公文的齐全、完整，能正确反映本机关的主要工作情况，便于保管和利用。档案是国家宝贵财富、是社会记忆，办毕公文中一部分有保存利用价值的，在经过系统整理后才能归档成为人们查考利用的档案。

一、归档公文整理原则

《规则》将归档公文的整理原则概括为以下 4 个方面：

（1）归档公文整理应遵循公文的形成规律，保持公文之间的有机联系。

（2）归档公文整理应区分不同价值，便于保管和利用。

（3）归档公文整理应符合文档一体化管理要求，便于计算机管理或计算机辅助管理。

（4）归档公文整理应保证纸质公文和电子公文整理协调统一。

每个机关的工作活动都有一定规律，产生于机关工作活动的公文因而必然地具有一定的职能规律和特点。归档公文整理时，只有遵循公文的形成规律并保持公文之间的有机联系，才能反映事物的本来面貌，即使在许多年后，依然能清晰地体现当时工作活动的历史面貌，满足利用者的需求，体现档案价值。公文保管期限是公文保存价值的具体体现。归档公文整理时，应区分公文的不同价值，根据《文书档案保管期限表》以及本单位的职能活动特点，对公文划分保管期限。归档公文整理区分不同价值，可以科学地管理公文，使不同价值的公文相对集中，不仅能合理配置资源，也给档案部门的保管、利用工作奠定了基础，符合今后档案鉴定、移交进馆要求。当前，计算机管理或计算机辅助管理日益深入，归档公文整理时应符合文档一体化管理要求，保证纸质公文和电子公文整理协调统一，适应公文与档案工作的现代化趋势，为计算机管理的发展推进做好准备。

二、归档公文整理组织与人员

机关在日常工作中形成的公文在办理运转完毕后，应组织归档公文的整理工作。采用适当的整理工作组织形式，明确归档公文整理机构和人员，不仅事关归档公文整理的质量和效率，更重要的是关系到今后档案工作基础的优劣。

（一）公文办理部门整理归档公文制度

由公文办理部门承担归档公文整理工作是我国公文工作的一项根本制度。公文办理部门整理，是指公文在办理完毕后，由公文办理部门中的专职或兼职人员负责公文的整理工作。公文办理部门包括公文组织中心机构和分支机构，公文办理部门整理即由机关、部门内从事公文办理工作的机构和人员从事归档公文整理。

1. 实行公文办理部门整理归档公文制度的意义

实行公文办理部门负责归档公文整理，是从机关工作的整体利益出发考虑，公文办理部门整理比档案室整理更有利于工作效率和质量的提高。国务院《关于加强国家档案工作的决定》中指出："实行文书处理部门立卷，就可以发挥文书处理部门熟悉有关业务和公文处理过程的优点，提高案卷的质量和立卷工作的效率；就可以由文书处理部门暂时保存本年度的公文，大大减少归档和调卷的手续，并且改变承办人员分散保存公文的现象，从而有利于保守国家机密的工作；同时，还可以使机关档案室腾出手来，做好档案的整理和组织利用等工作，更好地为机关工作服务。"

公文办理部门负责归档公文整理，在理论和实践上划清了公文与档案、文书工作与档案工作的界限。公文工作是以具有现行价值的公文为主要对象，而档案工作则是以具有查考价值的档案为主要工作对象，实行公文办理部门整理制度同时也理顺了文书工作与档案工作的关系，分清了文书工作与档案工作的职责范围。

数十年来的实践证明了由公文办理部门整理归档公文的科学性，根治了由档案部门进行归档公文整理而造成的档案人员立卷难度高、工作量大而立卷质量难以提高的痼疾，避免了零散公文在档案部门大量积压，加强了文书工作和档案工作之间的科学分工、协调配合，因此，实行公文办理部门负责归档公文整理是我国公文工作和档案工作史上一项成功的改革。

2. 实行公文办理部门整理归档公文的优越性

实践证明，公文办理部门负责归档公文整理，体现了比档案部门立卷更大的优越性：

(1)有利于提高整理质量和效率。

机关公文是因公文办理部门工作需要而制作和办理，办理部门公文人员是经手人和参与者，他们掌握每个公文的运转和办理，了解公文的来龙去脉。因此，实行公文办理部门归档公文整理能准确反映事物的本来面貌，有效避免因不了解情况主观臆测造成的偏差。公文办理部门公文人员熟悉公文的内容和相互之间的内在联系，了解公文在工作中的作用，能准确地判断公文的价值和保管期限、准确把握公文归档范围，故可保证整理质量并提高整理效率。

(2)有利于公文收集齐全完整和安全。

公文办理部门公文人员整理归档公文能及时收集公文，保证公文在办理完毕后迅速进入归卷保管状态，避免公文零散保存于各经办人员手中的无序状态，有效防止公文的散失，保障公文的安全。公文办理部门及其公文人员整理是公文必经之路，公文人员掌握公文的内容、数量、稿本和运转的路径，可以有的放矢地收集，尤其对重要公文可以进行重点控制，保证了公文的完整和齐全，同时也保护公文的安全。

（3）有利于公文的查找和利用。

机关工作活动的周期性决定了工作人员对公文查考价值的倚重，对近期形成公文的查找利用一般比较频繁。公文办理部门整理归档公文可使办理完毕的公文分类保存于本部门，便于随用随取。如果由档案部门整理，公文年底被移交到档案部门去，必然会产生查找不便的矛盾。公文办理部门公文人员整理归档公文可促进有关人员乐意交出办毕公文，有利于公文归档，相较档案室整理给部门工作人员的平时查找利用带来极大便利。

（4）有利于档案工作的开展。

由文书处理部门立卷并按制度每年向档案室归档，符合统一管理原则，又可明晰公文部门和档案部门职责，将档案人员从平时应付零散公文的接收、调阅等繁冗工作中解脱出来，集中精力搞好本部门档案业务工作，提高档案管理水平，进行归档公文整理的业务指导、检查和评比等，使此项工作进入良性循环。

（二）归档公文整理组织

通常公文办理部门整理归档公文制度适应大中型机关的情况，但在一些基层机关，人员编制与公文数量均有限，公文与档案并非分部门工作，甚至由一人兼做的情况非常普遍。因此，归档公文整理组织形式的选择，需考虑机关的具体情况。

一般归档公文整理组织形式应从及时归卷、方便调卷及提高机关工作效率出发，结合机关规模、机构层次、人员配备、机关驻地分布、公文数量、业务分工等因素进行选择。归档公文整理组织形式与公文工作的组织形式应一致：大多小型机关和基层单位采用公文工作集中形式，则归档公文整理宜集中在综合办公部门或档案部门统一进行；大中型机关的公文工作如采用分散形式，则适合将归档公文整理分散在归档公文形成、办理的各部门进行；另有一些机关公文工作采用集中与分散结合的组织形式，应将整理工作一部分集中在综合部门或档案部门，一部分分散在业务部门。

三、归档范围与保管期限

划分归档范围的总原则：凡是反映本机关工作活动、具有查考利用价值的公文材料，在办理完毕后均属整理归档范围。凡属机关归档范围的公文材料，必须按有关规定向本机关负责档案工作的部门移交，实行集中统一管理，任何个人不得据为己有或拒绝归档。

为便于各级党政机关正确界定公文材料归档范围，准确划分档案保管期限，使所保存的档案既能反映机关主要职能活动情况，维护其历史面貌，又便于保管和利用，2006 年 12 月 18 日国家档案局发布《机关文件材料归档范围和文书档案保管期限规定》。

(一)机关公文材料归档和不归档范围

1. 机关文件材料归档范围

(1)反映本机关主要职能活动和基本历史面貌的，对本机关工作、国家建设和历史研究具有利用价值的文件材料。

(2)机关工作活动中形成的在维护国家、集体和公民权益等方面具有凭证价值的文件材料。

(3)本机关需要贯彻执行的上级机关、同级机关的文件材料；下级机关报送的重要文件材料。

(4)其他对本机关工作具有查考价值的文件材料。

2. 机关文件材料不归档范围

(1)上级机关的文件材料中，普发性不需本机关办理的文件材料，任免、奖惩非本机关工作人员的文件材料，供工作参考的抄件等。

(2)本机关文件材料中的重份文件，无查考利用价值的事务性、临时性文件，一般性文件的历次修改稿、各次校对稿，无特殊保存价值的信封，不需办理的一般性人民来信、电话记录，机关内部互相抄送的文件材料，本机关负责人兼任外单位职务形成的与本机关无关的文件材料，有关工作参考的文件材料。

(3)同级机关的文件材料中，不需贯彻执行的文件材料，不需办理的抄送文件材料。

(4)下级机关的文件材料中，供参阅的简报、情况反映，抄报或越级抄报的文件材料。

(二)机关文书档案的保管期限

机关文书档案的保管期限定为永久、定期两种。定期一般分为 30 年、10 年。

1. 永久保管的文书档案

永久保管的文书档案主要包括：

(1)本机关制定的法规政策性文件材料。

(2)本机关召开重要会议、举办重大活动等形成的主要文件材料。

(3)本机关职能活动中形成的重要业务文件材料。

(4)本机关关丁重要问题的请示与上级机关的批复、批示，重要的报告、总结、综合统计报表等。

（5）本机关机构演变、人事任免等文件材料。

（6）本机关房屋买卖、土地征用，重要的合同协议、资产登记等凭证性文件材料。

（7）上级机关制发的属于本机关主管业务的重要文件材料。

（8）同级机关、下级机关关于重要业务问题的来函、请示与本机关的复函、批复等文件材料。

2. 定期保管的文书档案

定期保管的文书档案主要包括：

（1）本机关职能活动中形成的一般性业务文件材料。

（2）本机关召开会议、举办活动等形成的一般性文件材料。

（3）本机关人事管理工作形成的一般性文件材料。

（4）本机关一般性事务管理文件材料。

（5）本机关关于一般性问题的请示与上级机关的批复、批示，一般性工作报告、总结、统计报表等。

（6）上级机关制发的属于本机关主管业务的一般性文件材料。

（7）上级机关和同级机关制发的非本机关主管业务但要贯彻执行的文件材料。

（8）同级机关、下级机关关于一般性业务问题的来函、请示与本机关的复函、批复等文件材料。

（9）下级机关报送的年度或年度以上计划、总结、统计、重要专题报告等文件材料。

3. 其他

机关形成的人事、基建、会计及其他专门文件材料的归档范围和档案保管期限，按国家有关规定执行。

机关对应归档电子文件的元数据、背景信息等要进行相应归档。

机关应归档纸质文件材料中，有文件发文稿纸、文件处理单的，应与文件正本、定稿一并归档。

机关联合召开会议、联合行文所形成的文件材料原件由主办机关归档，其他机关将相应的复制件或其他形式的副本归档。

各机关应根据本规定，结合本机关职能和各部门工作实际，编制本机关的文件材料归档范围和文书档案保管期限表，经同级档案行政管理部门审查同意后执行。

有垂直领导关系的中央、国家机关应依据本规定,结合本系统工作实际,编制本系统的文件材料归档范围和文书档案保管期限表,并经国家档案局审查同意后执行。

在编制本机关或本系统文件材料归档范围和文书档案保管期限表时,应全面分析和鉴别本机关或本系统文件材料的现实作用和历史作用,准确界定文件材料的归档范围和划分档案保管期限。

第二节　归档公文文件级整理

《规则》对作为文书档案保存的归档文件规定了整理原则和方法,作为标准适用于各级机关、团体、企事业单位和其他社会组织对应作为文书档案保存的归档文件的整理。

一、术语和定义

《规则》对相关术语和定义进行了界定:

(一)归档文件

立档单位在其职能活动中形成的、办理完毕、应作为文书档案保存的文件材料,包括纸质和电子文件材料。

(二)整理

将归档文件以件为单位进行组件、分类、排列、编号、编目等(纸质归档文件还包括修整、装订、编页、装盒、排架;电子文件还包括格式转换、元数据收集、归档数据包组织、存储等),使之有序化的过程。

(三)件

归档文件的整理单位。

(四)档号

在归档文件整理过程中赋予其的一组字符代码,以体现归档文件的类别和排列顺序。

二、归档公文文件级整理规定

《规则》对归档公文文件级整理规定如下:

(一)组件(件的组织)

1. 件的构成

归档文件一般以每份文件为一件。正文、附件为一件;文件止本与定稿

(包括法律法规等重要文件的历次修改稿)为一件;转发文与被转发文为一件;原件与复制件为一件;正本与翻译本为一件;中文本与外文本为一件;报表、名册、图册等一册(本)为一件(作为文件附件时除外);简报、周报等材料一期为一件;会议纪要、会议记录一般一次会议为一件,会议记录一年一本的,一本为一件;来文与复文(请示与批复、报告与批示、函与复函等)一般独立成件,也可为一件。有文件处理单或发文稿纸的,文件处理单或发文稿纸与相关文件为一件。

2. 件内文件排序

归档文件排序时,正文在前,附件在后;正本在前,定稿在后;转发文在前,被转发文在后;原件在前,复制件在后;不同文字的文本,无特殊规定的,汉文文本在前,少数民族文字文本在后;中文本在前,外文本在后;来文与复文作为一件时,复文在前,来文在后。有文件处理单或发文稿纸的,文件处理单在前,收文在后;正本在前,发文稿纸和定稿在后。

(二)分类

(1)立档单位应对归档文件进行科学分类,同一全宗应保持分类方案的一致性和稳定性。

(2)归档文件一般采用年度—机构(问题)—保管期限、年度—保管期限—机构(问题)等方法进行三级分类。

A. 按年度分类。将文件按其形成年度分类。跨年度一般应以文件签发日期为准。对于计划、总结、预算、统计报表、表彰先进以及法规性文件等内容涉及不同年度的文件,统一按文件签发日期判定所属年度。跨年度形成的会议文件归入闭幕年。跨年度办理的文件归入办结年。当形成年度无法考证时,年度为其归档年度,并在附注项加以说明。

B. 按机构(问题)分类。将文件按其形成或承办机构(问题)分类。机构分类法与问题分类法应选择其一适用,不能同时采用。采用机构分类的,应根据文件形成或承办机构对归档文件进行分类,涉及多部门形成的归档文件,归入文件主办部门。采用问题分类的,应按照文件内容所反映的问题对归档文件进行分类。

C. 按保管期限分类。将文件按划定的保管期限分类。

(3)规模较小或公文办理程序不适于按机构(问题)分类的立档单位,可以采取年度—保管期限等方法进行两级分类。

(三)排列

(1)归档文件应在分类方案的最低一级类目内,按时间结合事由排列。

(2)同一事由中的文件，按文件形成先后顺序排列。

(3)会议文件、统计报表等成套性文件可集中排列。

(四)编号

(1)归档文件应依分类方案和排列顺序编写档号。档号编制应遵循唯一性、合理性、稳定性、扩充性、简单性原则。

(2)档号的结构宜为：全宗号-档案门类代码·年度-保管期限-机构(问题)代码-件号。

上、下位代码之间用"-"连接，同一级代码之间用"·"隔开。如"Z109-WS·2011-Y-BGS-0001"。

(3)档号按照以下要求编制：

A. 全宗号：档案馆给立档单位编制的代号，用 4 位数字或者字母与数字的结合标识，按照 DA/T13-1994 编制。

B. 档案门类代码·年度：归档文件档案门类代码由"文书"2 位汉语拼音首字母"WS"标识。年度为文件形成年度，以 4 位阿拉伯数字标注公元纪年，如"2013"。

C. 保管期限：保管期限分为永久、定期 30 年、定期 10 年，分别以代码"Y""D30""D10"标识。

D. 机构(问题)代码：机构(问题)代码采用 3 位汉语拼音字母或阿拉伯数字标识，如办公室代码"BGS"等。归档文件未按照机构(问题)分类的，应省略机构(问题)代码。

E. 件号：件号是单件归档文件在分类方案最低一级类目内的排列顺序号，用 4 位阿拉伯数字标识，不足 4 位的，前面用"0"补足，如"0026"。

(4)归档文件应在首页上端的空白位置加盖归档章并填写相关内容。电子文件可以由系统生成归档章样式或以条形码等其他形式在归档文件上进行标识。

(5)归档章应将档号的组成部分，即全宗号、年度、保管期限、件号，以及页数作为必备项，机构(问题)可以作为选择项。归档章中全宗号、年度、保管期限、件号、机构(问题)按照 5.4.3 编制，页数用阿拉伯数字标识。为便于识记，归档章保管期限也可以使用"永久""30 年""10 年"简称标识，机构(问题)也可以用"办公室"等规范化简称标识。

(五)编目

(1)归档文件应依据档号顺序编制归档文件目录。编目应准确、详细，便于检索。

(2)归档文件应逐件编目。来文与复文作为一件时,对复文的编目应体现来文内容。归档文件目录设置序号、档号、文号、责任者、题名、日期、密级、页数、备注等项目。

第一,序号:填写归档文件顺序号。

第二,档号:档号按照 5.4.2-5.4.3 编制。

第三,文号:文件的发文字号。没有文号的,不用标识。

第四,责任者:制发文件的组织或个人,即文件的发文机关或署名者。

第五,题名:文件标题。没有标题、标题不规范,或者标题不能反映文件主要内容、不方便检索的,应全部或部分自拟标题,自拟内容外加方括号"[ ]"。

第六,日期:文件的形成时间,以国际标准日期表示法标注年月日,如 19990909。

第七,密级:文件密级按文件实际标注情况填写。没有密级的,不用标识。

第八,页数:每一件归档文件的页面总数。文件中有图文的页面为一页。

第九,备注:注释文件需说明的情况。

(3)归档文件目录推荐由系统生成或使用电子表格进行编制。目录表格采用 A4 幅面,页面宜横向设置。

(4)归档文件目录除保存电子版本外,还应打印装订成册。装订成册的归档文件目录,应编制封面。封面设置全宗号、全宗名称、年度、保管期限、机构(问题),其中全宗名称即立档单位名称,填写时应使用全称或规范化简称。归档文件目录可以按年装订成册,也可按每年区分保管期限装订成册。

二、归档公文文件级整理要求

《规则》对归档公文文件级修整、装订、编页、装盒和排架要求具体如下:

(一)修整

(1)归档文件装订前,应对不符合要求的文件材料进行修整。

(2)归档文件已破损的,应按照 DA/T 25-2000 予以修复;字迹模糊或易退变的,应予复制。

(3)归档文件应按照保管期限要求去除易锈蚀、易氧化的金属或塑料装订用品。

（4）对于幅面过大的文件，应在不影响其日后使用效果的前提下进行折叠。

（二）装订

（1）归档文件一般以件为单位装订。归档文件装订应牢固、安全、简便，做到文件不损页、不倒页、不压字，装订后文件平整，有利于归档文件的保护和管理。装订应尽量减少对归档文件本身的影响，原装订方式符合要求的，应维持不变。

（2）应根据归档文件保管期限确定装订方式，装订材料与保管期限要求相匹配。为便于管理，相同期限的归档文件装订方式应尽量保持一致，不同期限的装订方式应相对统一。

（3）用于装订的材料，不能包含或产生可能损害归档文件的物质。不使用回形针、大头针、燕尾夹、热熔胶、办公胶水、装订夹条、塑料封等装订材料进行装订。

（4）永久保管的归档文件，宜采取线装法装订。页数较少的，使用直角装订或缝纫机轧边装订，文件较厚的，使用"三孔一线"装订。永久保管的归档文件，使用不锈钢订书钉或浆糊装订的，装订材料应满足归档文件长期保存的需要。

（5）永久保管的归档文件，不使用不锈钢夹或封套装订。

（6）定期保管的、需要向综合档案馆移交的归档文件，装订方式按照上述方法执行。定期保管的、不需要向综合档案馆移交的归档文件，装订方式可以按照上述方法执行，也可以使用不锈钢夹或封套装订。

（三）编页

（1）纸质归档文件一般应以件为单位编制页码。

（2）页码应逐页编制，宜分别标注在文件正面右上角或背面左上角的空白位置。

（3）文件材料已印制成册并编有页码的；拟编制页码与文件原有页码相同的，可以保持原有页码不变。

（四）装盒

将归档文件按顺序装入档案盒，并填写档案盒盒脊及备考表项目。不同年度、机构（问题）、保管期限的归档文件不能装入同一个档案盒。

1. 档案盒

（1）档案盒封面应标明全宗名称。档案盒的外形尺寸为 310mm×220mm

(长×宽)，盒脊厚度可以根据需要设置为 20 mm、30mm、40mm、50mm 等。

(2)档案盒应根据摆放方式的不同，在盒脊或底边设置全宗号、年度、保管期限、起止件号、盒号等必备项，并可设置机构(问题)等选择项。其中，起止件号填写盒内第一件文件和最后一件文件的件号，起件号填写在上格，止件号填写在下格；盒号即档案盒的排列顺序号，按进馆要求在档案盒盒脊或底边编制。

(3)档案盒应采用无酸纸制作。

2. 备考表

备考表置于盒内文件之后，项目包括盒内文件情况说明、整理人、整理日期、检查人、检查日期。

(1)盒内文件情况说明：填写盒内文件缺损、修改、补充、移出、销毁等情况。

(2)整理人：负责整理归档文件的人员签名或签章。

(3)整理日期：归档文件整理完成日期。

(4)检查人：负责检查归档文件整理质量的人员签名或签章。

(5)检查日期：归档文件检查完毕的日期。

(五)排架

(1)归档文件整理完毕装盒后，上架排列方法应与本单位归档文件分类方案一致，排架方法应避免频繁倒架。

(2)归档文件按年度—机构(问题)—保管期限分类的，库房排架时，每年形成的档案按机构(问题)序列依次上架，便于实体管理。

(3)归档文件按年度—保管期限—机构(问题)分类的，库房排架时，每年形成的档案按保管期限依次上架，便于档案移交进馆。

三、归档电子文件的整理要求

《规则》对归档电子文件的整理要求如下：

(1)归档电子文件组件(件的组织)、分类、排列、编号、编目，应符合《规则》"5 一般要求"的规定。

(2)归档电子文件的格式转换、元数据收集、归档数据包组织、存储等整理要求，参照《数字档案室建设指南》(2014 年)、GB/T 18894、DA/T 48、DA/T 38 等标准执行。

(3)归档电子文件整理，应使用符合《数字档案室建设指南》(2014 年)、GB/T 18894 等标准的应用系统。

第三节　归档公文案卷级整理

归档公文案卷级整理即归档公文整理立卷。长期以来，我国各机关以案卷为文书档案的基本保管单位，至今许多单位仍在实行基于公文立卷的案卷级档案管理。因此，归档公文除公文级整理外，案卷级整理也是整理与保存公文的重要方法。

一、概念界定

(一)归档公文的案卷级整理

这是指将归档公文整理、组合成案卷的过程，即通常所说的公文立卷。

(二)公文立卷

公文立卷又称组卷，即将办理完毕的具有查考保存价值的公文材料，按照它们在形成过程中的联系和规律组成案卷的工作过程。

(三)案卷

案卷是指一组具有内在密切联系、价值大致相同并经过一定整理程序组合起来的公文材料的结合体。

(四)立卷类目

立卷类目又称案卷类目、归卷条目，是公文管理环节中文书立卷的方案与指南性工具。根据机关工作职能、机构设置而形成公文的规律，预测本年度可能产生的公文，按照立卷的要求和方法，于年初预先拟制的案卷标题一览表。在公文管理系统中，则通常以预先设立"公文夹"的方式进行。

(五)立卷特征

公文组成案卷的依据，是基于公文的内容和结构概括的一组公文的共性。每一公文都有作者、内容、文种、时间等基本特征，立卷时按公文的相同特征组合案卷可保持公文间的内在联系，便于查找利用。

二、归档公文案卷级整理的意义

(一)保持公文之间的历史联系，便于查考利用

围绕某项公务活动，往往形成一系列具有内在联系的公文，因此，在立卷时应将这些公文收集齐全并去粗取精，留下有查考利用价值的公文并进行系统整理。在归档公文的整理立卷中应注意维护公文之间的历史联系，以维护并再现历史的本来面貌。整理立卷可避免归档公文日后杂乱无章零散存放

的局面，便于查找利用公文。

(二)维护公文的完整与安全，便于保存和管理

公文立卷是对归档公文收集齐全后进行整理、立卷。通过立卷整理，以卷或盒作为保管的基本单位，有效防止公文的散失，减少外界各种因素对公文的损害，延长公文的物理寿命，维护公文的安全，为公文的保护、利用、统计等工作提供便利。

(三)有利于档案的积累，为档案工作奠定基础

公文立卷归档之后就是档案，档案来源于公文。公文立卷工作是公文处理工作的最后环节，同时又是档案工作的起始点。因此，公文立卷环节对档案的质量起直接影响甚至决定作用。归档公文案卷级整理过程中，齐全完整收集公文、准确鉴定归档范围、合理划分保管期限，均直接保障了归档后档案的质量，为今后档案工作的开展奠定基础。

三、归档公文案卷级整理的方法

归档公文案卷级整理的基本操作就是把握公文的特征和联系，将联系密切的公文组合成案卷。立卷时按公文的相同特征组合案卷可保持公文间的内在联系，我国在中华人民共和国成立初期学习苏联文书立卷工作时引进此方法并沿用至今。

公文的特征是从公文的内容和结构中概括出来的公文共有的特点。每一公文都有作者、内容、文种、时间等基本特征，这是公文立卷的依据。公文组卷依据的特征有：作者特征、问题特征、名称特征、时间特征、地区特征和通信者特征，即"六个特征立卷法"。

(一)按问题特征立卷

按问题特征立卷就是把内容反映同一问题的公文组合成卷。按问题特征立卷可以保持公文之间的自然联系，体现公文主题的全貌，也有利于满足利用者最常见的以查询问题为主的需求。按问题特征立卷法应用较广，但不适用于综合性公文的组卷，如计划、总结、报告、会议公文等若涉及多项内容，则不宜按问题拆开组卷。

(二)按作者特征立卷

按作者特征立卷就是将同一作者制发的公文组合成卷。"作者"包括制发公文的机关或个人。按作者特征立卷有利于保持同一作者的公文之间的联系，便于按作者查找公文，同一作者的公文相对集中，也有利于反映作者的工作情况。

(三)按名称特征立卷

按名称特征立卷就是把相同文种名称的公文组合在一起立卷。名称特征又称文种特征。按名称特征立卷能够反映公文的性质和作用，便于区分案卷的重要程度和保存价值，也有利于检索和保管。综合性和专业性强的公文，往往适合以名称特征立卷。另外，文种相似的公文，如计划、安排、规划、纲要常常可合并组卷。

(四)按时间特征立卷

按时间特征立卷就是将形成于同一时间或内容针对同一时间的公文组合成卷。按时间特征立卷便于反映机关在不同时间段的工作情况。单一按时间特征立卷的案卷，多用于内容针对时限性明显的公文，如计划、总结、报表等。分年度立卷，应注意正确确定公文形成年度和针对年度不一致或跨年度情况下公文应归属的年度。

(五)按地区特征立卷

按地区特征立卷就是将内容涉及同一地区的公文组合成卷。依此特征立卷的案卷，便于反映某一特定地区的工作情况，多用于上级机关对下属机关的来文，调查统计材料等公文的立卷。

(六)按通信者特征立卷

按通信者特征立卷就是将本机关与某一机关之间关于一定问题进行联系而形成的来往公文组合立卷。通信者即两个机关互为收发文机关。这一方法立卷便于反映这两个机关之间对一定问题的协商或领导、指导情况，发文机关与内容均较单一，便于整理、查找。

公文之间在某一方面具有共同特征，仅反映了某一方面的联系。如果结合运用若干个特征组卷，就可以使卷内公文具有几个方面的共同联系。通常，结合的特征越多，公文之间的联系就越紧密，专指性越强，成分越单一。紧密的联系会使检索和利用更便利。因此，在立卷时，应根据公文的实际情况，结合运用若干个最能体现公文间联系的共同特征来立卷。

四、归档公文案卷级整理的步骤

为保证案卷质量，公文立卷工作应按规定步骤操作，避免将办毕的待归档公文随意存放、积存到年终再着手整理立卷，造成立卷的困难。立卷的步骤有：

(一)制订立卷方案

立卷首先应做好充分的准备工作，即在年初为当年将产生的公文预先做好一个分类方案。最常用的立卷方案是立卷类目。

制订立卷方案有利于提高立卷质量和效率，公文办毕有了立卷方案作为指南，公文归卷时就有去处，根据立卷方案做好公文的平时归卷，防止公文积压，为年终立卷做好了准备，整理立卷的分类工作变得简便易行，避免了因主观判断而造成的随意性。立卷人员可以依据立卷方案有的放矢地收集公文，保证了立卷的质量和效率。

1. 编制立卷类目

编制立卷类目应结合本机关工作的实际情况，掌握本机关机构设置、业务范围、工作规律及本年度工作任务、计划，了解归档范围和保管期限的鉴定、划分，在广泛调查研究的基础上进行。编制工作一般由机关文书处理部门、档案部门研究拟出初稿，经综合办公部门负责人审阅定稿。

2. 立卷类目结构

立卷类目由类、条款和编号构成。

（1）类。立卷类目类别通常有按组织机构和按问题分类两种。前者是依据机关内形成和办理公文的组织机构设类，后者则是依据公文内容所属的性质设类。

（2）条款。条款是按立卷的要求与方法概括出来的一组公文的总标题，也是预先拟写的案卷标题。一个条款下的公文将来可能组成一个或数个案卷。条款是立卷类目最主要部分。

（3）编号。编号的方法有大流水编号法和小流水编号法。大流水编号是将一个立卷类目的全部条款统一编一个序列，以自然数连续编号；小流水编号又称分类流水编号，是在各类别内自成序列编号。大流水编号法适用于形成公文少的小机关。相较于大流水编号法，分类流水编号法的优点：一是在编号固定后，可方便地增加条款，比较灵活，同类范围内条款能保持相互间的联系。二是分类流水编号的条款号能明确显示条款所属的类别。三是分类后，各大类中条款号数量相对较少，便于整理、保管和查找利用文件。因此，规模较大、具有一定数量公文的机关更宜采用小流水编号法。例如：

××市××实业股份有限公司 2017 年立卷类目（节录）

1. 党委办公室

1—1 上级党委下发的各种规定、通知、通报

1—2 公司党委上报上级党委的请示、报告及有关批复

1—3 公司党委下发的各种规定、通知、通报

1—4 下属党组织的请示、报告及公司党委的批复、意见

1—5 公司党委本年度工作计划、总结

1—6 下属党组织本年度工作计划、总结

1—7 公司本年度党员名册、统计报表

1—8 党组织关系介绍信及存根

1—9 公司党员党费交纳统计表

2. 总经理办公室

2—1 组建公司的请示、可行性研究报告及上级批复

2—2 公司法人开业登记请示及上级批复

2—3 公司组织章程

2—4 企业法人营业执照、税务登记、资质证书、验资报告等法定证书

2—5 董事会成员名单及委托书

2—6 本年度董事会会议记录、纪要

2—7 本年度股东大会会议记录、纪要

2—8 本年度监事会会议记录、纪要

2—9 公司总经理办公例会记录、纪要

2—10 有关专题会议的记录、纪要

2—11 公司本年度工作计划、总结

2—12 办公室本年度工作计划、总结

3. 人事部

3—1 上级机关关于人事、劳动工资、福利工作的指示、决定、通知

3—2 公司关于人事、劳动工资、福利工作的请示、报告及上级机关的批复

3—3 上级机关关于公司干部任免的批复、通知

3—4 公司关于干部任免、聘任的决定、通知

3—5 公司委派干部任职的通知及下属机关干部任免的请示与本公司的批复

3—6 人事部本年度计划、总结

3—7 公司干部统计年报表、名单

3—8 下属公司报送劳动工资年报表

（二）平时归卷

平时归卷就是立卷人员将日常工作中办理完毕的公文材料依据立卷方案按类别与条款归入相应卷夹内。

1. 平时归卷意义

（1）有利于公文的安全。平时归卷使公文得到妥善保管，有效避免公文不及时归卷及零散公文材料长时间堆积而造成丢失、散乱和破损现象，防止公文的失密、泄密。

（2）有利于查找和利用。办毕公文及时归卷，有条理地分类保管，保证了未整理归档公文的查找有明确的路径，防止因公文零乱难以找寻的状况，因此平时归卷有利于对未整理归档公文的查找和利用。同时，查找利用的方便又能促进承办人员的归档意识，有利于文书处理部门立卷工作的顺利开展。

（3）为整理立卷奠定基础。平时归卷可有效避免年终突击立卷，解决清理积存零散公文的难题，有利于提高立卷质量和效率。

因此，应要求公文人员在日常工作中注意随时收集办毕公文并及时归入相应卷夹或卷盒。这样，有利于保持公文材料之间的联系，有利于归档公文的齐全完整，保证公文的安全。

2. 平时归卷操作

（1）归卷公文装具的准备。立卷类目制定完成后，公文立卷人员应根据立卷类目准备平时归卷所用的装具。可使用卷夹、卷盒或卷皮等存放平时归卷的公文。一般每一条款设置一个卷夹，卷夹上应标明条款号和标题，按照条款顺序竖直排放在公文橱柜中，以备公文归卷。

（2）归卷公文的收集与检查。立卷人员在平时公文的收集归卷过程中，应注意将有内在联系的公文收集齐全后归卷，如请示与批复、存本与定稿等，并检查公文处理程序如会签、注办等环节，防止缺漏。根据形成公文材料的实际情况，还应随时修改或增补立卷类目的有关条款内容。

（3）归卷公文的平时立卷。对日常归卷积累的办毕公文中立卷条件已成熟的公文，如相对独立的专题会议、专项活动等公文，在公文办毕、收齐，不再出现应归档公文的情况下，应随时立卷，不仅能够降低年终立卷的工作量，又便于平时的保管和利用。

（三）组合案卷

在平时归卷的基础上，按照立卷的要求和方法，对已归卷的公文进行系统的检查、调整、整理以实际组合立卷的过程。

1. 检查调整卷内公文

在定卷前应针对立卷公文进行系统检查并调整不适当之处，这是确保案卷质量的必要步骤。检查调整内容包括：

（1）归卷公文是否齐全，对应该归卷而未归卷的公文应设法补齐。

（2）归卷公文是否符合立卷要求，对归卷失当的公文应进行调整，对重份及立卷范围外的公文应予以剔除。

（3）归卷公文保存价值是否基本一致，对不同保管期限的公文应予调整。

（4）归卷公文数量是否适当，根据卷内公文情况予以分卷或并卷。

2. 排列卷内公文顺序

卷内公文检查调整后，应对卷内所有公文的先后次序进行系统排列。常用的方法有：

（1）按时间先后排列。大多是先按作者（或问题、时间等）分，基于此，再按时间先后排顺序。也有将卷内所有公文按时间先后排列。

（2）按重要程度排列。通常情况下，上级机关来文排前，下级机关来文排后；方针、政策性公文在前，业务、事务性公文在后；批复在前，请示在后；正件在前，定稿在后。

3. 拟写案卷题名

案卷题名是对卷内公文内容和成份的概括和揭示，也是档案保管、检索与利用等各环节的基本依据。

案卷题名的基本结构，一般由作者、事由和文种三部分构成。如有涉及，还应相应表明地区、时间和通信者。案卷题名的每个部分，是对卷内所有公文相应部分的概括。在拟写时应注意符合规范，既要避免将公文题名不加概括地予以罗列，又要防止过于笼统、无法揭示公文内容而影响查找。如案卷题名的作者应写全称或者通用简称，不能滥用缩略语，也不能简称为"本校""本局"等。

4. 审定案卷

案卷一般由领导及档案人员负责审定。

部门领导的审核主要是从业务角度对案卷进行把关。通常部门领导经手修改、签发或拟办、批办公文，掌握本部门公文的形成及处理情况，容易看出案卷中存在的问题。并且为了便于对本部门工作的实施领导，重要公文往往集中在部门领导处，通过审卷，可以发现应归而未归卷的公文，便于及时补充归卷，因此，部门领导对案卷作最后审核，可以进一步保证归档公文的齐全、完整和归档范围、保管期限的准确鉴定，是确保案卷质量，减少拆卷的有效机制。

档案人员的审核则是侧重于从档案质量角度对案卷把关。档案人员应按照公文立卷要求和归档要求全面审核包括案卷题名在内的案卷。同样，此时审核可以避免拆卷返工，使档案部门的业务指导更切实有效。

(四)编目装订

经审定后,案卷可进行系统的编目,最后装订成卷。应按下列步骤顺序填写:

1. 编制卷内公文页号

按所定卷内公文排列的顺序,给卷内全部公文编制页号。经过编号,可以固定排列顺序,便于查找利用和统计。以卷为单位,凡载有信息的一页,均用阿拉伯数字编号。左侧装订的编在右上角,右侧装订的编在左上角。

2. 填写卷内公文目录

卷内公文目录位于卷首,是揭示卷内公文材料内容和成份的索引表。卷内公文目录是检索、查阅卷内公文的工具,也是开展各项档案工作的基础。卷内公文目录的项目包括:顺序号、文号、责任者、题名、日期、页号、备注共七项。

3. 填写卷内备考表

卷内备考表是注明卷内公文材料需说明情况以备查考的简表。一般置于卷内公文之后。卷内备考表内容有:本卷情况说明、立卷人、检查人和立卷时间。若本卷没有公文缺损、移出、补充等需说明事项,情况说明栏可不填。立卷人、检查人应该分别亲自签名,以示负责,并填上立卷时间。

4. 填写案卷封面

案卷封面既保护卷内公文又揭示案卷的内容成份。它包括全宗名称、类目名称、案卷题名、时间、保管期限、件页数、归档号和档号八个栏目。其中档号栏应留待归档之后由档案部门填写。

5. 装订案卷

装订使卷内公文集结、固定,以保护公文安全。案卷装订主要是对公文的修整和装订工作,包括下述环节:检查卷内公文、去除金属物、取齐并装订。装订案卷,可使用硬卷皮以三孔一线法装订,再折成盒状保存;也可使用软卷皮装订,按案卷号排列次序装入卷盒保存。至此,单份的公文已组合成案卷,立卷工作完成。

第四节　公　文　归　档

归档就是公文整理(立卷)部门按归档制度将整理(立卷)完毕的归档公文向档案部门移交集中。

一、归档制度

长期以来，机关各部门根据归档制度向档案部门移交归档公文。2021年新修订的《中华人民共和国档案法》规定："应当归档的材料，按照国家有关规定定期向本单位档案机构或者档案工作人员移交，集中管理，任何个人不得拒绝归档或者据为己有。国家规定不得归档的材料，禁止擅自归档。"归档制度是档案齐全完整与质量完善的必要保证。案卷级或公文级整理的归档公文最后都应按归档制度归档。

归档制度的内容主要可概括为归档范围、归档时间和归档要求：

（一）归档范围

《机关档案工作条例》等法规规定：凡机关工作活动中形成的具有保存价值的公文材料，均由文书部门或业务部门进行整理、立卷，并定期向档案部门归档。具体范围可见附件《机关公文材料归档范围和文书档案保管期限规定》。

（二）归档时间

将整理（立卷）完毕的归档公文向机关档案部门移交的具体时间。法规要求，文书档案在次年6月底以前接收完毕，其他门类和载体的档案的接收，应按有关规定执行。有些专业部门因特殊需要或驻地分散，为便于日常备用，也可以按商定的合适时间归档。

（三）归档要求

主要是对归档公文整理质量的要求，是机关档案部门对接收的归档公文进行查验的质量标准。即：归档公文材料应齐全、完整，保持相互间的历史联系，区分价值，符合整理要求等。

二、案卷的排列与编目

案卷立成之后首先要对所有的案卷进行分类和排列，在确定案卷排列顺序后，给每个案卷编制案卷顺序号，在此基础上编制案卷目录。这是公文立卷的收尾，也是档案工作的基础。

（一）案卷的排列

案卷排列的方法应与立卷方案中类别与条款的排列一致。在案卷数量多的情况下，按保管期限和组织机构为主排列案卷是最常用的两种方法。

按保管期限为主排列案卷，即将案卷先按永久、定期分成两部分，再在每一部分内按组织机构或问题排序。

按组织机构(或问题)为主排列案卷,即将案卷先按组织机构(或问题)排列,再按保管期限排序。这样排列使同一组织机构(或问题)的案卷相对集中。

据上述排列顺序编制案卷目录。

(二)案卷目录的编制

案卷目录是对系统化排列的所有案卷进行编目登记而形成的案卷名册。

案卷目录的作用:固定案卷的分类体系和排列顺序,揭示案卷的内容与成份,是公文工作的最基本工具和档案工作的基础,是立卷部门案卷归档的移交凭证。

案卷目录的编制主要包括填写案卷目录条目部分的具体内容,如案卷号、题名、年月、页数、保管期限等。

三、归档移交

归档公文整理(立卷)部门在向机关档案部门移交归档公文(案卷)时,应以归档公文(案卷)目录为移交凭据,履行归档手续。

档案部门根据归档制度的规定对归档公文(案卷)逐一认真检查验收。在查证质量符合要求、数量与归档公文(案卷)目录吻合的基础上,双方在移交目录的相应位置履行签字手续,并填明交接日期。

移交目录应一式三份,其中一份留存公文处理部门备查;由档案部门收存的两份,一份存放全宗卷,另一份装订后成为机关案卷目录以作查找案卷之用。

第五节　电子公文归档

为完善党政机关电子公文系列标准体系,2020 年 11 月国家标准《党政机关电子公文归档规范》(以下简称《规范》)(GB/T 39362-2020)正式发布,《规范》对电子公文归档工作的总则以及收集、整理、移交、接收要求等作出了规定,为党政机关规范开展电子公文归档提供了依据,为其他机关和企业事业单位电子文件的归档提供了参考。

一、术语和定义

《规范》对相关术语和定义进行了界定:

(一)电子公文

以数字形式存储于磁盘、光盘等媒体，依赖计算机系统阅读、处理并可在通信网络上传输的公文。

(二)电子档案

具有凭证、查考和保存价值并归档保存的电子公文及相关信息。

(三)归档

将具有保存价值且办理完毕的电子公文及相关信息经收集、整理并向档案部门移交的过程。

(四)元数据

描述电子公文或电子档案的内容、背景、结构及其管理过程的数据。

(五)数字对象

通过计算机呈现的对象，比如由特定的系统或软件应用程序生成的文件。

(六)内容数据

电子公文或电子档案中包含的数字对象。

(七)数据组织

按照一定的规则和方式对数据进行归并、存储、处理的过程。

(八)开放式版式文档

独立于软件，硬件、操作系统、输出设备的版式文档格式。

(九)信息包

由内容数据和相关保存描述信息构成的信息整体。

(十)归档信息包

电子公文形成或办理部门在归档时按照要求对电子公文及相关信息进行组织并向档案部门提交的信息包。

(十一)封装

将电子公文或电子档案及其元数据作为一个整体按指定结构打包的过程。

(十二)数字对象标识

一份电子档案中每个文件的编号。

二、电子公文归档总则

《规范》规定电子公文归档总则为：

(1)开展电子公文归档工作应遵循保留形成原貌、保持有机联系、保证长期可用的原则。

（2）电子公文归档过程中发生权责交接、数据格式转变等重大变化时应形成并留存其变化记录。

（3）电子公文归档时应要求归档信息包中不包含非开放的压缩、加密、签名、印章、时间戳等技术措施，以减少技术依赖性。

（4）电子公文收集、整理、移交工作应由电子公文形成或办理部门完成，档案部门负责档案接收并对整个归档过程予以必要的业务指导。

（5）电子公文拟制或办理时应确定是否需要归档，归档工作宜采用随办随归方式，向档案部门移交时间最迟不超过电子公文整理完成后的次年6月。

（6）党政机关依据《机关文件材料归档范围和文书档案保管期限规定》的要求制定电子公文归档范围和保管期限表。

三、电子公文归档流程

《规范》规定了电子公文归档的总体流程与具体流程，除整体流程外，电子公文归档过程从电子公文形成或办理部门产生电子公文开始到档案部门接收归档信息包结束。整个归档流程分为文件收集、文件整理、文件移交、档案接收4个环节，共12个步骤，其中文件收集、文件整理、文件移交由电子公文形成或办理部门负责完成，档案接收由档案部门负责完成。① 电子公文归档的总体流程与具体流程如下：

（一）总体流程

电子公文归档过程从电子公文形成或办理部门产生电子公文开始到档案部门接收归档信息包结束。整个过程可分为文件收集、文件整理、文件移交、档案接收4个环节，共12个步骤，即捕获、录入、转换、组件、编号、封装、移交检测、移交登记、提交、接收检测、接收登记、接收确认。

（二）文件收集

按照电子公文归档范围的要求，完成电子公文及其元数据的收集，收集宜采用自动捕获方式，在无法自动捕获的情况下也可手工录入。文件收集的步骤如下：

---

① 罗塞塔. 党政机关电子公文归档规范解读. ［EB/OL］. ［2022-07-13］. https：// zhuanlan. zhihu. com/p/552473112.

1. 捕获

在电子公文形成和办理过程中应随时捕获拟归档电子公文；电子公文元数据应与电子公文内容数据一起捕获；捕获的电子公文及元数据应齐全、完整，保持电子公文之间的有机联系；电子公文内容数据应与其形成时保持一致。

2. 录入

对于部分未进入电子公文系统进行流转的文件，可通过文件扫描并著录元数据、电子公文上传挂接、脱机数据包导入等方式完成电子公文的收集。电子公文元数据著录应满足《规范》第7章的要求。

3. 转换

电子公文捕获或录入后，对于不符合归档格式要求的电子公文应进行格式转换，以满足归档电子公文保存和利用的需求。

（三）**文件整理**

按照 DA/T 22-2015 及文件整理相关规定对电子公文开展整理工作。文件整理的步骤如下：

1. 组件

电子公文一般以件为单位进行整理，件内文件的构成以及件内文件排序应符合 DA/T22-2015 的要求。

2. 编号

对完成组件的电子公文，按照 DA/T22-2015 的要求进行分类和排序，并编制档号。

3. 封装

将完成组件和编号的拟归档电子公文及其元数据封装成归档信息包。

（四）**文件移交**

电子公文整理完成之后，由电子公文形成或办理部门向档案部门移交，并按照 GB/T 18894-2016 的要求办理相关手续。文件移交的步骤如下：

1. 移交检测

电子公文提交归档前，电子公文形成或办理部门应按照 DA/T70-2018 的要求以及档案部门的接收要求，对电子公文的真实性、完整性、可用性和安全性等方面进行检测，检测合格后方可提交归档。

2. 移交登记

电子公文提交归档过程中，电子公文形成或办理部门应清点、核实电子公义的义种、成文日期、保管期限、件数、大小等信息，确认无误后登记

《电子文件归档登记表》。

3. 提交

电子公文形成或办理部门应将归档信息包连同《电子文件归档登记表》一起向档案部门提交归档。

（五）档案接收

档案部门接收电子公文形成或办理部门提交归档的电子公文，并办理相关接收手续。

1. 接收检测

档案部门接收归档电子公文之前应按照 DA/T70-2018 的要求以及其他相关要求，对归档信息包的真实性、完整性、可用性和安全性等方面进行检测，对于不符合要求的归档信息包予以退回。

2. 接收登记

档案部门接收归档电子公文时，应清点、核实电子公文的文种，成文日期、保管期限、件数、大小等信息，确认无误后登记《电子文件归档登记表》。

3. 接收确认

档案部门接收符合要求的归档信息包并确认，完成电子公文归档流程。

此外，《规范》第 7、8 章还分别规定了电子公文归档元数据、数据组织及归档格式的要求。

主要参考文献

1. 郝全梅. 秘书应用写作[M]. 上海：华东师范大学出版社，2015.

2. 张林华. 现代文件学[M]. 上海：上海大学出版社，2016.

3. 张林华. 文书学概论[M]. 上海：上海三联书店，1998.

4. 杨戎，黄存勋[M]. 上海：华东师范大学出版社，2013.

5. 王健. 文书学[M]. 北京：中国人民大学出版社，2011.

6. 冯惠玲. 电子文件管理教程[M]. 北京：中国人民大学出版社，2001.

7. 金波，丁华东. 电子文件管理学[M]. 上海：上海大学出版社，2007.

8. 曹润芳. 文件写作与处理[M]. 北京：中国档案出版社，2006.

9. 潘嘉. 中国文书工作史纲要[M]. 北京：中国档案出版社，1985.

10. 梁毓阶. 机关文书与文书工作[M]. 北京：中国档案出版社，1994.

11. [美]谢伦伯格著，黄坤坊等译. 现代档案——原则与技术[M]. 北京：中国档案出版社，1983.

12. 王健. 电子时代机构核心信息资源管理——OA 环境中的文件、档案一体化管理战略[M]. 北京：中国档案出版社，2003.

13. 丁海斌. 电子文件管理基础[M]. 北京：中国档案出版社，2002.

14. 郭冬. 秘书写作[M]. 北京：高等教育出版社，2008.

15. 柳新华，王东海，董相志. 实用电子公文传输与处理[M]. 北京：中国人事出版社，2002.

附录一 党政机关公文处理工作条例

第一章 总 则

第一条 为了适应中国共产党机关和国家行政机关(以下简称党政机关)工作需要,推进党政机关公文处理工作科学化、制度化、规范化,制定本条例。

第二条 本条例适用于各级党政机关公文处理工作。

第三条 党政机关公文是党政机关实施领导、履行职能、处理公务的具有特定效力和规范体式的文书,是传达贯彻党和国家的方针政策,公布法规和规章,指导、布置和商洽工作,请示和答复问题,报告、通报和交流情况等的重要工具。

第四条 公文处理工作是指公文拟制、办理、管理等一系列相互关联、衔接有序的工作。

第五条 公文处理工作应当坚持实事求是、准确规范、精简高效、安全保密的原则。

第六条 各级党政机关应当高度重视公文处理工作,加强组织领导,强化队伍建设,设立文秘部门或者由专人负责公文处理工作。

第七条 各级党政机关办公厅(室)主管本机关的公文处理工作,并对下级机关的公文处理工作进行业务指导和督促检查。

第二章 公文种类

第八条 公文种类主要有:

(一)决议。适用于会议讨论通过的重大决策事项。

(二)决定。适用于对重要事项作出决策和部署、奖惩有关单位和人员、变更或者撤销下级机关不适当的决定事项。

（三）命令（令）。适用于公布行政法规和规章、宣布施行重大强制性措施、批准授予和晋升衔级、嘉奖有关单位和人员。

（四）公报。适用于公布重要决定或者重大事项。

（五）公告。适用于向国内外宣布重要事项或者法定事项。

（六）通告。适用于在一定范围内公布应当遵守或者周知的事项。

（七）意见。适用于对重要问题提出见解和处理办法。

（八）通知。适用于发布、传达要求下级机关执行和有关单位周知或者执行的事项，批转、转发公文。

（九）通报。适用于表彰先进、批评错误、传达重要精神和告知重要情况。

（十）报告。适用于向上级机关汇报工作、反映情况，回复上级机关的询问。

（十一）请示。适用于向上级机关请求指示、批准。

（十二）批复。适用于答复下级机关请示事项。

（十三）议案。适用于各级人民政府按照法律程序向同级人民代表大会或者人民代表大会常务委员会提请审议事项。

（十四）函。适用于不相隶属机关之间商洽工作、询问和答复问题、请求批准和答复审批事项。

（十五）纪要。适用于记载会议主要情况和议定事项。

第三章　公文格式

第九条　公文一般由份号、密级和保密期限、紧急程度、发文机关标志、发文字号、签发人、标题、主送机关、正文、附件说明、发文机关署名、成文日期、印章、附注、附件、抄送机关、印发机关和印发日期、页码等组成。

（一）份号。公文印制份数的顺序号。涉密公文应当标注份号。

（二）密级和保密期限。公文的秘密等级和保密的期限。涉密公文应当根据涉密程度分别标注"绝密""机密""秘密"和保密期限。

（三）紧急程度。公文送达和办理的时限要求。根据紧急程度，紧急公文应当分别标注"特急""加急"，电报应当分别标注"特提""特急""加急""平急"。

（四）发文机关标志。由发文机关全称或者规范化简称加"文件"二字组成，也可以使用发文机关全称或者规范化简称。联合行文时，发文机关标志可以并用联合发文机关名称，也可以单独用主办机关名称。

（五）发文字号。由发文机关代字、年份、发文顺序号组成。联合行文时，使用主办机关的发文字号。

（六）签发人。上行文应当标注签发人姓名。

（七）标题。由发文机关名称、事由和文种组成。

（八）主送机关。公文的主要受理机关，应当使用机关全称、规范化简称或者同类型机关统称。

（九）正文。公文的主体，用来表述公文的内容。

（十）附件说明。公文附件的顺序号和名称。

（十一）发文机关署名。署发文机关全称或者规范化简称。

（十二）成文日期。署会议通过或者发文机关负责人签发的日期。联合行文时，署最后签发机关负责人签发的日期。

（十三）印章。公文中有发文机关署名的，应当加盖发文机关印章，并与署名机关相符。有特定发文机关标志的普发性公文和电报可以不加盖印章。

（十四）附注。公文印发传达范围等需要说明的事项。

（十五）附件。公文正文的说明、补充或者参考资料。

（十六）抄送机关。除主送机关外需要执行或者知晓公文内容的其他机关，应当使用机关全称、规范化简称或者同类型机关统称。

（十七）印发机关和印发日期。公文的送印机关和送印日期。

（十八）页码。公文页数顺序号。

第十条 公文的版式按照《党政机关公文格式》国家标准执行。

第十一条 公文使用的汉字、数字、外文字符、计量单位和标点符号等，按照有关国家标准和规定执行。民族自治地方的公文，可以并用汉字和当地通用的少数民族文字。

第十二条 公文用纸幅面采用国际标准 A4 型。特殊形式的公文用纸幅面，根据实际需要确定。

第四章 行文规则

第十三条 行文应当确有必要，讲求实效，注重针对性和可操作性。

第十四条 行文关系根据隶属关系和职权范围确定。一般不得越级行文，特殊情况需要越级行文的，应当同时抄送被越过的机关。

第十五条 向上级机关行文，应当遵循以下规则：

（一）原则上主送一个上级机关，根据需要同时抄送相关上级机关和同级机关，不抄送下级机关。

（二）党委、政府的部门向上级主管部门请示、报告重大事项，应当经本级党委、政府同意或者授权；属于部门职权范围内的事项应当直接报送上级主管部门。

（三）下级机关的请示事项，如需以本机关名义向上级机关请示，应当提出倾向性意见后上报，不得原文转报上级机关。

（四）请示应当一文一事。不得在报告等非请示性公文中夹带请示事项。

（五）除上级机关负责人直接交办事项外，不得以本机关名义向上级机关负责人报送公文，不得以本机关负责人名义向上级机关报送公文。

（六）受双重领导的机关向一个上级机关行文，必要时抄送另一个上级机关。

第十六条　向下级机关行文，应当遵循以下规则：

（一）主送受理机关，根据需要抄送相关机关。重要行文应当同时抄送发文机关的直接上级机关。

（二）党委、政府的办公厅（室）根据本级党委、政府授权，可以向下级党委、政府行文，其他部门和单位不得向下级党委、政府发布指令性公文或者在公文中向下级党委、政府提出指令性要求。需经政府审批的具体事项，经政府同意后可以由政府职能部门行文，文中须注明已经政府同意。

（三）党委、政府的部门在各自职权范围内可以向下级党委、政府的相关部门行文。

（四）涉及多个部门职权范围内的事务，部门之间未协商一致的，不得向下行文；擅自行文的，上级机关应当责令其纠正或者撤销。

（五）上级机关向受双重领导的下级机关行文，必要时抄送该下级机关的另一个上级机关。

第十七条　同级党政机关、党政机关与其他同级机关必要时可以联合行文。属于党委、政府各自职权范围内的工作，不得联合行文。

党委、政府的部门依据职权可以相互行文。

部门内设机构除办公厅（室）外不得对外正式行文。

第五章　公文拟制

第十八条　公义拟制包括公文的起草、审核、签发等程序。

第十九条　公文起草应当做到：

(一)符合党的理论路线方针政策和国家法律法规，完整准确体现发文机关意图，并同现行有关公文相衔接。

(二)一切从实际出发，分析问题实事求是，所提政策措施和办法切实可行。

(三)内容简洁，主题突出，观点鲜明，结构严谨，表述准确，文字精练。

(四)文种正确，格式规范。

(五)深入调查研究，充分进行论证，广泛听取意见。

(六)公文涉及其他地区或者部门职权范围内的事项，起草单位必须征求相关地区或者部门意见，力求达成一致。

(七)机关负责人应当主持、指导重要公文起草工作。

第二十条　公文文稿签发前，应当由发文机关办公厅(室)进行审核。审核的重点是：

(一)行文理由是否充分，行文依据是否准确。

(二)内容是否符合党的理论路线方针政策和国家法律法规；是否完整准确体现发文机关意图；是否同现行有关公文相衔接；所提政策措施和办法是否切实可行。

(三)涉及有关地区或者部门职权范围内的事项是否经过充分协商并达成一致意见。

(四)文种是否正确，格式是否规范；人名、地名、时间、数字、段落顺序、引文等是否准确；文字、数字、计量单位和标点符号等用法是否规范。

(五)其他内容是否符合公文起草的有关要求。

需要发文机关审议的重要公文文稿，审议前由发文机关办公厅(室)进行初核。

第二十一条　经审核不宜发文的公文文稿，应当退回起草单位并说明理由；符合发文条件但内容需作进一步研究和修改的，由起草单位修改后重新报送。

第二十二条　公文应当经本机关负责人审批签发。重要公文和上行文由机关主要负责人签发。党委、政府的办公厅(室)根据党委、政府授权制发的公文，由受权机关主要负责人签发或者按照有关规定签发。签发人签发公文，应当签署意见、姓名和完整日期；圈阅或者签名的，视为同意。联合发文由所有联署机关的负责人会签。

第六章　公文办理

第二十三条　公文办理包括收文办理、发文办理和整理归档。

第二十四条　收文办理主要程序是：

（一）签收。对收到的公文应当逐件清点，核对无误后签字或者盖章，并注明签收时间。

（二）登记。对公文的主要信息和办理情况应当详细记载。

（三）初审。对收到的公文应当进行初审。初审的重点是：是否应当由本机关办理，是否符合行文规则，文种、格式是否符合要求，涉及其他地区或者部门职权范围内的事项是否已经协商、会签，是否符合公文起草的其他要求。经初审不符合规定的公文，应当及时退回来文单位并说明理由。

（四）承办。阅知性公文应当根据公文内容、要求和工作需要确定范围后分送。批办性公文应当提出拟办意见报本机关负责人批示或者转有关部门办理；需要两个以上部门办理的，应当明确主办部门。紧急公文应当明确办理时限。承办部门对交办的公文应当及时办理，有明确办理时限要求的应当在规定时限内办理完毕。

（五）传阅。根据领导批示和工作需要将公文及时送传阅对象阅知或者批示。办理公文传阅应当随时掌握公文去向，不得漏传、误传、延误。

（六）催办。及时了解掌握公文的办理进展情况，督促承办部门按期办结。紧急公文或者重要公文应当由专人负责催办。

（七）答复。公文的办理结果应当及时答复来文单位，并根据需要告知相关单位。

第二十五条　发文办理主要程序是：

（一）复核。已经发文机关负责人签批的公文，印发前应当对公文的审批手续、内容、文种、格式等进行复核；需作实质性修改的，应当报原签批人复审。

（二）登记。对复核后的公文，应当确定发文字号、分送范围和印制份数并详细记载。

（三）印制。公文印制必须确保质量和时效。涉密公文应当在符合保密要求的场所印制。

（四）核发。公文印制完毕，应当对公文的文字、格式和印刷质量进行检查后分发。

第二十六条　涉密公文应当通过机要交通、邮政机要通信、城市机要文件交换站或者收发件机关机要收发人员进行传递，通过密码电报或者符合国家保密规定的计算机信息系统进行传输。

第二十七条　需要归档的公文及有关材料，应当根据有关档案法律法规以及机关档案管理规定，及时收集齐全、整理归档。两个以上机关联合办理的公文，原件由主办机关归档，相关机关保存复制件。机关负责人兼任其他机关职务的，在履行所兼职务过程中形成的公文，由其兼职机关归档。

第七章　公文管理

第二十八条　各级党政机关应当建立健全本机关公文管理制度，确保管理严格规范，充分发挥公文效用。

第二十九条　党政机关公文由文秘部门或者专人统一管理。设立党委(党组)的县级以上单位应当建立机要保密室和机要阅文室，并按照有关保密规定配备工作人员和必要的安全保密设施设备。

第三十条　公文确定密级前，应当按照拟定的密级先行采取保密措施。确定密级后，应当按照所定密级严格管理。绝密级公文应当由专人管理。

公文的密级需要变更或者解除的，由原确定密级的机关或者其上级机关决定。

第三十一条　公文的印发传达范围应当按照发文机关的要求执行；需要变更的，应当经发文机关批准。

涉密公文公开发布前应当履行解密程序。公开发布的时间、形式和渠道，由发文机关确定。

经批准公开发布的公文，同发文机关正式印发的公文具有同等效力。

第三十二条　复制、汇编机密级、秘密级公文，应当符合有关规定并经本机关负责人批准。绝密级公文一般不得复制、汇编，确有工作需要的，应当经发文机关或者其上级机关批准。复制、汇编的公文视同原件管理。

复制件应当加盖复制机关戳记。翻印件应当注明翻印的机关名称、日期。汇编本的密级按照编入公文的最高密级标注。

第三十三条　公文的撤销和废止，由发文机关、上级机关或者权力机关根据职权范围和有关法律法规决定。公文被撤销的，视为自始无效；公文被废止的，视为自废止之日起失效。

第三十四条　涉密公文应当按照发文机关的要求和有关规定进行清退或者销毁。

第三十五条　不具备归档和保存价值的公文，经批准后可以销毁。销毁涉密公文必须严格按照有关规定履行审批登记手续，确保不丢失、不漏销。个人不得私自销毁、留存涉密公文。

第三十六条　机关合并时，全部公文应当随之合并管理；机关撤销时，需要归档的公文经整理后按照有关规定移交档案管理部门。

工作人员离岗离职时，所在机关应当督促其将暂存、借用的公文按照有关规定移交、清退。

第三十七条　新设立的机关应当向本级党委、政府的办公厅（室）提出发文立户申请。经审查符合条件的，列为发文单位，机关合并或者撤销时，相应进行调整。

第八章　附　　则

第三十八条　党政机关公文含电子公文。电子公文处理工作的具体办法另行制定。

第三十九条　法规、规章方面的公文，依照有关规定处理。外事方面的公文，依照外事主管部门的有关规定处理。

第四十条　其他机关和单位的公文处理工作，可以参照本条例执行。

第四十一条　本条例由中共中央办公厅、国务院办公厅负责解释。

第四十二条　本条例自 2012 年 7 月 1 日起施行。1996 年 5 月 3 日中共中央办公厅发布的《中国共产党机关公文处理条例》和 2000 年 8 月 24 日国务院发布的《国家行政机关公文处理办法》停止执行。

附录二　党政机关公文格式

GB/T 9704—2012

前　　言

本标准按照 GB/T 1.1-2009 给出的规则起草。

本标准根据中共中央办公厅、国务院办公厅印发的《党政机关公文处理工作条例》的有关规定 对 GB/T 9704-1999《国家行政机关公文格式》进行修订。本标准相对 GB/T 9704-1999 主要作如下修订：

a）标准名称改为《党政机关公文格式》，标准英文名称也作相应修改；

b）适用范围扩展到各级党政机关制发的公文；

c）对标准结构进行适当调整；

d）对公文装订要求进行适当调整；

e）增加发文机关署名和页码两个公文格式要素，删除主题词格式要素，并对公文格式各要素的编排进行较大调整；

f）进一步细化特定格式公文的编排要求；

g）新增联合行文公文首页版式、信函格式首页、命令（令）格式首页版式等式样。

本标准中公文用语与《党政机关公文处理工作条例》中的用语一致。

本标准为第二次修订。

本标准由中共中央办公厅和国务院办公厅提出。

本标准由中国标准化研究院归口。

本标准起草单位：中国标准化研究院、中共中央办公厅秘书局、国务院办公厅秘书局、中国标准出版社。

本标准主要起草人：房庆、杨雯、郭道锋、孙维、马慧、张书杰、徐成华、范一乔、李玲。本标准代替了 GB/T 9704-1999。

GB/T 9704-1999 的历次版本发布情况为：

——GB/T 9704-1988。

党政机关公文格式

1. 范围

本标准规定了党政机关公文通用的纸张要求、排版和印制装订要求、公文格式各要素的编排规则，并给出了公文的式样。

本标准适用于各级党政机关制发的公文。其他机关和单位的公文可以参照执行。

使用少数民族文字印制的公文，其用纸、幅面尺寸及版面、印制等要求按照本标准执行，其余可以参照本标准并按照有关规定执行。

2. 规范性引用文件

下列文件对于本标准的应用是必不可少的。凡是注日期的引用文件，仅所注日期的版本适用于本标准。凡是不注日期的引用文件，其最新版本（包括所有的修改单）适用于本标准。

GB/T 148　印刷、书写和绘图纸幅面尺寸

GB 3100　国际单位制及其应用

GB 3101　有关量、单位和符号的一般原则

GB 3102（所有部分）　量和单位

GB/T 15834　标点符号用法

GB/T 15835　出版物上数字用法

3. 术语和定义

下列术语和定义适用于本标准。

3.1

字 word

标示公文中横向距离的长度单位。在本标准中，一字指一个汉字宽度的距离。

3.2

行 line

标示公文中纵向距离的长度单位。在本标准中，一行指一个汉字的高度加 3 号汉字高度的 7/8 的距离。

4. 公文用纸主要技术指标

公文用纸一般使用纸张定量为 60 g/m² ~ 80 g/m² 的胶版印刷纸或复印纸。纸张白度 80% ~ 90%，横向耐折度≥15 次，不透明度≥85%，pH 值为 7.5 ~ 9.5。

5. 公文用纸幅面尺寸及版面要求

5.1　幅面尺寸

公文用纸采用 GB/T 148 中规定的 A4 型纸，其成品幅面尺寸为：210 mm×297 mm。

5.2　版面

5.2.1　页边与版心尺寸

公文用纸天头（上白边）为 37 mm±1 mm，公文用纸订口（左白边）为 28mm±1mm，版心尺寸为 156 mm×225 mm。

5.2.2　字体和字号

如无特殊说明，公文格式各要素一般用 3 号仿宋体字。特定情况可以作适当调整。

5.2.3　行数和字数

一般每面排 22 行，每行排 28 个字，并撑满版心。特定情况可以作适当调整。

5.2.4　文字的颜色

如无特殊说明，公文中文字的颜色均为黑色。

6. 印制装订要求

6.1　制版要求

版面干净无底灰，字迹清楚无断划，尺寸标准，版心不斜，误差不超过 1 mm。

6.2　印刷要求

双面印刷；页码套正，两面误差不超过 2 mm。黑色油墨应当达到色谱所标 BL100%，红色油墨应当达到色谱所标 Y80%、M80%。印品着墨实、均匀；字面不花、不白、无断划。

6.3　装订要求

公文应当左侧装订，不掉页，两页页码之间误差不超过 4 mm，裁切后的成品尺寸允许误差± 2mm，四角成90°，无毛茬或缺损。

骑马订或平订的公文应当：

a ）订位为两钉外订眼距版面上下边缘各 70 mm 处，允许误差±4mm；

b)无坏钉、漏钉、重钉，钉脚平伏牢固；

c)骑马订钉锯均订在折缝线上，平订钉锯与书脊间的距离为 3mm~5mm。

包本装订公文的封皮(封面、书脊、封底)与书芯应吻合、包紧、包平、不脱落。

7. 公文格式各要素编排规则

7.1　公文格式各要素的划分

本标准将版心内的公文格式各要素划分为版头、主体、版记三部分。公文首页红色分隔线以上的部分称为版头；公文首页红色分隔线(不含)以下、公文末页首条分隔线(不含)以上的部分称为主体；公文末页首条分隔线以下、末条分隔线以上的部分称为版记。

页码位于版心外。

7.2　版头

7.2.1　份号

如需标注份号，一般用 6 位 3 号阿拉伯数字，顶格编排在版心左上角第一行。

7.2.2　密级和保密期限

如需标注密级和保密期限，一般用 3 号黑体字，顶格编排在版心左上角第二行；保密期限中的数字用阿拉伯数字标注。

7.2.3　紧急程度

如需标注紧急程度，一般用 3 号黑体字，顶格编排在版心左上角；如需同时标注份号、密级和保密期限、紧急程度，按照份号、密级和保密期限、紧急程度的顺序自上而下分行排列。

7.2.4　发文机关标志

由发文机关全称或者规范化简称加"文件"二字组成，也可以使用发文机关全称或者规范化简称。

发文机关标志居中排布，上边缘至版心上边缘为 35mm，推荐使用小标宋体字，颜色为红色，以醒目、美观、庄重为原则。

联合行文时，如需同时标注联署发文机关名称，一般应当将主办机关名称排列在前；如有"文件"二字，应当置于发文机关名称右侧，以联署发文机关名称为准上下居中排布。

7.2.5　发文字号

编排在发文机关标志下空二行位置，居中排布。年份、发文顺序号用阿拉伯数字标注；年份应标全称，用六角括号"〔〕"括入；发文顺序号不加"第"字，不编虚位(即 1 不编为 01)，在阿拉伯数字后加"号"字。

上行文的发文字号居左空一字编排,与最后一个签发人姓名处在同一行。

7.2.6　签发人

由"签发人"三字加全角冒号和签发人姓名组成,居右空一字,编排在发文机关标志下空二行位置。"签发人"三字用 3 号仿宋体字,签发人姓名用 3 号楷体字。

如有多个签发人,签发人姓名按照发文机关的排列顺序从左到右、自上而下依次均匀编排,一般每行排两个姓名,回行时与上一行第一个签发人姓名对齐。

7.2.7　版头中的分隔线

发文字号之下 4 mm 处居中印一条与版心等宽的红色分隔线。

7.3　主体

7.3.1　标题

一般用 2 号小标宋体字,编排于红色分隔线下空二行位置,分一行或多行居中排布;回行时,要做到词意完整,排列对称,长短适宜,间距恰当,标题排列应当使用梯形或菱形。

7.3.2　主送机关

编排于标题下空一行位置,居左顶格,回行时仍顶格,最后一个机关名称后标全角冒号。如主送机关名称过多导致公文首页不能显示正文时,应当将主送机关名称移至版记,标注方法见 7.4.2。

7.3.3　正文

公文首页必须显示正文。一般用 3 号仿宋体字,编排于主送机关名称下一行,每个自然段左空二字,回行顶格。文中结构层次序数依次可以用"一、""(一)""1.""(1)"标注;一般第一层用黑体字、第二层用楷体字、第三层和第四层用仿宋体字标注。

7.3.4　附件说明

如有附件,在正文下空一行左空二字编排"附件"二字,后标全角冒号和附件名称。如有多个附件,使用阿拉伯数字标注附件顺序号(如"附件:1.×××××");附件名称后不加标点符号。附件名称较长需回行时,应当与上一行附件名称的首字对齐。

7.3.5　发文机关署名、成文日期和印章

7.3.5.1　加盖印章的公文

成文日期一般右空四字编排,印章用红色,不得出现空白印章。

单一机关行文时,一般在成文日期之上、以成文日期为准居中编排发文

机关署名，印章端正、居中下压发文机关署名和成文日期，使发文机关署名和成文日期居印章中心偏下位置，印章顶端应当上距正文(或附件说明)一行之内。

联合行文时，一般将各发文机关署名按照发文机关顺序整齐排列在相应位置，并将印章一一对应、端正、居中下压发文机关署名，最后一个印章端正、居中下压发文机关署名和成文日期，印章之间排列整齐、互不相交或相切，每排印章两端不得超出版心，首排印章顶端应当上距正文(或附件说明)一行之内。

7.3.5.2 不加盖印章的公文

单一机关行文时，在正文(或附件说明)下空一行右空二字编排发文机关署名，在发文机关署名下一行编排成文日期，首字比发文机关署名首字右移二字，如成文日期长于发文机关署名，应当使成文日期右空二字编排，并相应增加发文机关署名右空字数。

联合行文时，应当先编排主办机关署名，其余发文机关署名依次向下编排。

7.3.5.3 加盖签发人签名章的公文

单一机关制发的公文加盖签发人签名章时，在正文(或附件说明)下空二行右空四字加盖签发人签名章，签名章左空二字标注签发人职务，以签名章为准上下居中排布。在签发人签名章下空一行右空四字编排成文日期。

联合行文时，应当先编排主办机关签发人职务、签名章，其余机关签发人职务、签名章依次向下编排，与主办机关签发人职务、签名章上下对齐；每行只编排一个机关的签发人职务、签名章；签发人职务应当标注全称。

签名章一般用红色。

7.3.5.4 成文日期中的数字

用阿拉伯数字将年、月、日标全，年份应标全称，月、日不编虚位(即1不编为01)。

7.3.5.5 特殊情况说明

当公文排版后所剩空白处不能容下印章或签发人签名章、成文日期时，可以采取调整行距、字距的措施解决。

7.3.6 附注

如有附注，居左空二字加圆括号编排在成文日期下一行。

7.3.7 附件

附件应当另面编排，并在版记之前，与公文正文一起装订。"附件"二字及附件顺序号用3号黑体字顶格编排在版心左上角第一行。附件标题居中编排在版心第三行。附件顺序号和附件标题应当与附件说明的表述一致。附件格式要求同正文。

如附件与正文不能一起装订，应当在附件左上角第一行顶格编排公文的发文字号并在其后标注"附件"二字及附件顺序号。

7.4　版记

7.4.1　版记中的分隔线

版记中的分隔线与版心等宽，首条分隔线和末条分隔线用粗线（推荐高度为 0.35 mm），中间的 分隔线用细线（推荐高度为 0.25 mm）。首条分隔线位于版记中第一个要素之上，末条分隔线与公文最后一面的版心下边缘重合。

7.4.2　抄送机关

如有抄送机关，一般用 4 号仿宋体字，在印发机关和印发日期之上一行、左右各空一字编排。"抄送"二字后加全角冒号和抄送机关名称，回行时与冒号后的首字对齐，最后一个抄送机关名称后标句号。

如需把主送机关移至版记，除将"抄送"二字改为"主送"外，编排方法同抄送机关。既有主送机关又有抄送机关时，应当将主送机关置于抄送机关之上一行，之间不加分隔线。

7.4.3　印发机关和印发日期

印发机关和印发日期一般用 4 号仿宋体字，编排在末条分隔线之上，印发机关左空一字，印发日期右空一字，用阿拉伯数字将年、月、日标全，年份应标全称，月、日不编虚位（即 1 不编为 01），后加"印发"二字。

版记中如有其他要素，应当将其与印发机关和印发日期用一条细分隔线隔开。

7.5　页码

一般用 4 号半角宋体阿拉伯数字，编排在公文版心下边缘之下，数字左右各放一条一字线；一字线上距版心下边缘 7 mm。单页码居右空一字，双页码居左空一字。公文的版记页前有空白页的，空白页和版记页均不编排页码。公文的附件与正文一起装订时，页码应当连续编排。

8. 公文中的横排表格

A4 纸型的表格横排时，页码位置与公文其他页码保持一致，单页码表头在订口一边，双页码表头在切口一边。

9. 公文中计量单位、标点符号和数字的用法

公文中计量单位的用法应当符合 GB 3100、GB 3101 和 GB 3102（所有

部分），标点符号的用法应当符合 GB/T 15834，数字用法应当符合 GB/T 15835。

10. 公文的特定格式

10.1　信函格式

发文机关标志使用发文机关全称或者规范化简称，居中排布，上边缘至上页边为 30mm，推荐使用红色小标宋体字。联合行文时，使用主办机关标志。

发文机关标志下 4 mm 处印一条红色双线(上粗下细)，距下页边 20 mm 处印一条红色双线(上细下粗)，线长均为 170 mm，居中排布。

如需标注份号、密级和保密期限、紧急程度，应当顶格居版心左边缘编排在第一条红色双线下，按照份号、密级和保密期限、紧急程度的顺序自上而下分行排列，第一个要素与该线的距离为 3 号汉字高度的 7/8。

发文字号顶格居版心右边缘编排在第一条红色双线下，与该线的距离为 3 号汉字高度的 7/8。

标题居中编排，与其上最后一个要素相距二行。

第二条红色双线上一行如有文字，与该线的距离为 3 号汉字高度的 7/8。

首页不显示页码。

版记不加印发机关和印发日期、分隔线，位于公文最后一面版心内最下方。

10.2　命令(令)格式

发文机关标志由发文机关全称加"命令"或"令"字组成，居中排布，上边缘至版心上边缘为 20 mm，推荐使用红色小标宋体字。

发文机关标志下空二行居中编排令号，令号下空二行编排正文。

签发人职务、签名章和成文日期的编排见 7.3.5.3。

10.3　纪要格式

纪要标志由"×××××纪要"组成，居中排布，上边缘至版心上边缘为 35 mm，推荐使用红色小标宋体字。

标注出席人员名单，一般用 3 号黑体字，在正文或附件说明下空一行左空二字编排"出席"二字，后标全角冒号，冒号后用 3 号仿宋体字标注出席人单位、姓名，回行时与冒号后的首字对齐。

标注请假和列席人员名单，除依次另起一行并将"出席"二字改为"请假"或"列席"外，编排方法同出席人员名单。

纪要格式可以根据实际制定。

11. 式样

A4 型公文用纸页边及版心尺寸见图 1；公文首页版式见图 2；联合行文公文首页版式 1 见图 3；联合行文公文首页版式 2 见图 4；公文末页版式 1 见图 5；公文末页版式 2 见图 6；联合行文公文末页版式 1 见图 7；联合行文公文末页版式 2 见图 8；附件说明页版式见图 9；带附件公文末页版式见图 10；信函格式首页版式见图 11；命令(令)格式首页版式见图 12。

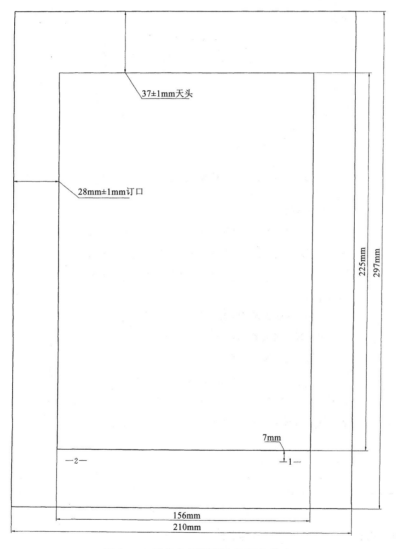

图 1　A4 型公文用纸页边及版心尺寸

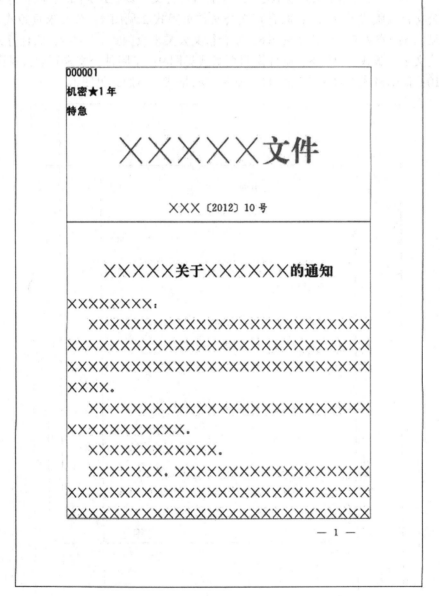

图 2　公文首页版式

注：版心实线框仅为示意，在印制公文时并不印出。

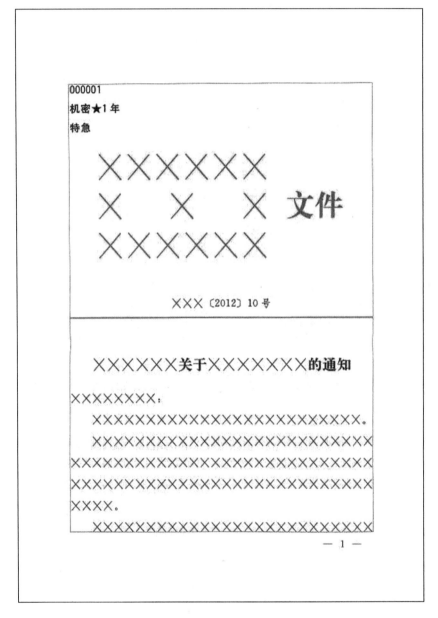

图 3　联合行文公文首页版式 1

注：版心实线框仅为示意，在印制公文时并不印出。

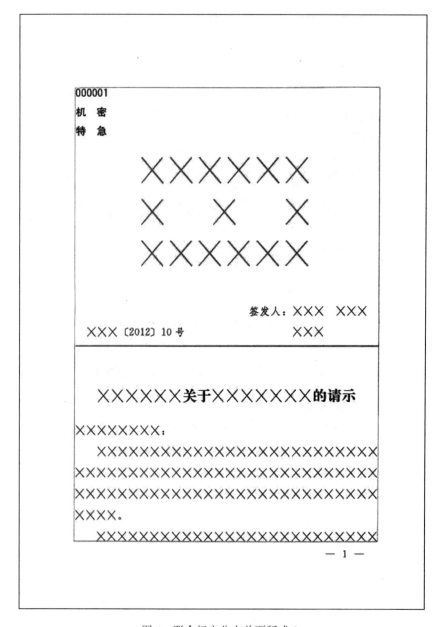

图 4　联合行文公文首页版式 2

注：版心实线框仅为示意，在印制公文时并不印出。

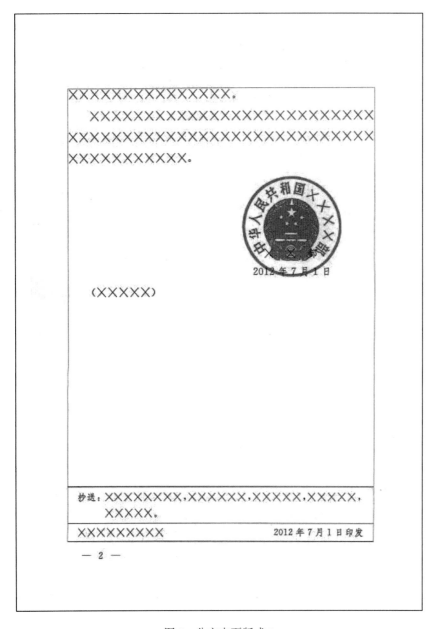

XXXXXXXXXXXXXX。
　XXXXXXXXXXXXXXXXXXXX
XXXXXXXXXXXXXXXXXXXXXX
XXXXXXXXXX。

中华人民共和国XXX
（印章）
2012 年 7 月 1 日

（XXXXX）

抄送：XXXXXXX，XXXXXX，XXXXX，XXXXX，
　　XXXXX。

XXXXXXXX　　　　　2012 年 7 月 1 日印发

— 2 —

图 5　公文末页版式 1

注：版心实线框仅为示意，在印制公文时并不印出。

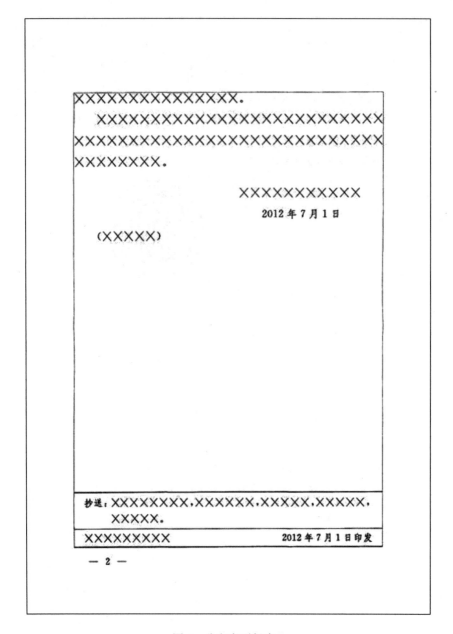

图6　公文末页版式2

注：版心实线框仅为示意，在印制公文时并不印出。

图 7　联合行文公文末页版式 1
注：版心实线框仅为示意，在印制公文时并不印出。

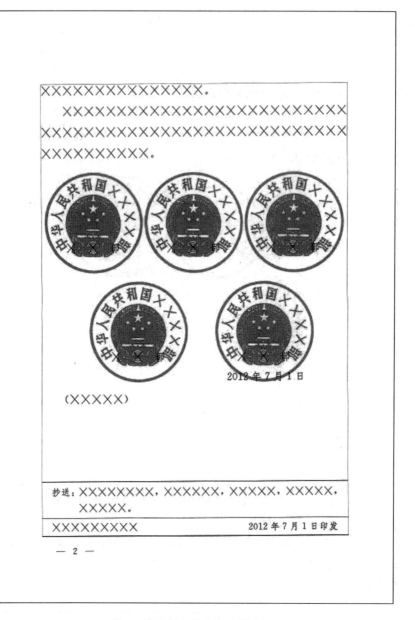

图 8　联合行文公文末页版式 2

注：版心实线框仅为示意，在印制公文时并不印出。

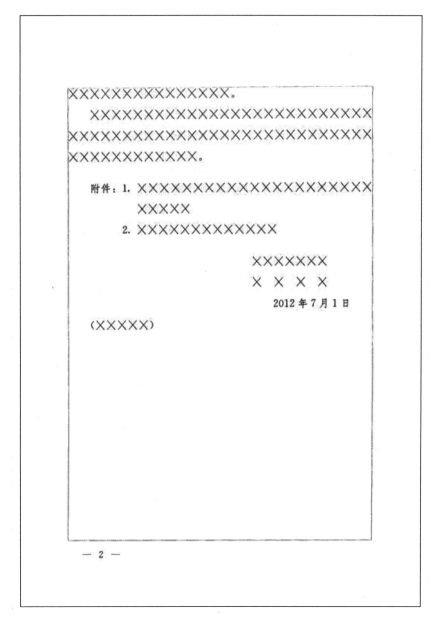

图 9　附件说明页版式

注：版心实线框仅为示意，在印制公文时并不印出。

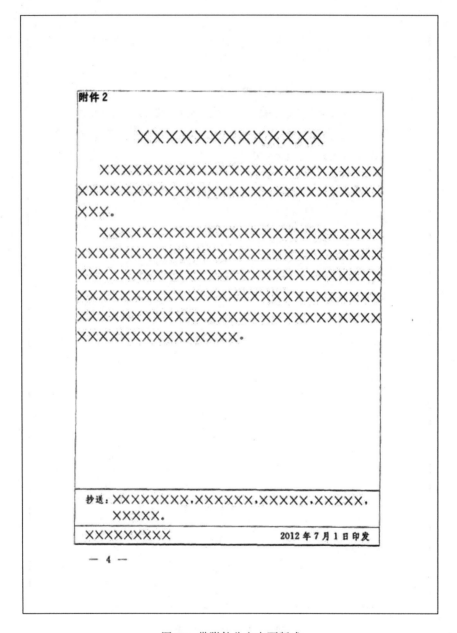

图10　带附件公文末页版式
注：版心实线框仅为示意，在印制公文时并不印出。

中华人民共和国ＸＸＸＸＸ部

000001　　　　　　　　　　　ＸＸＸ〔2012〕10 号

机　密

特　急

ＸＸＸＸＸ关于ＸＸＸＸＸＸＸ的通知

ＸＸＸＸＸＸＸＸ：

　　ＸＸＸＸＸＸＸＸＸＸＸＸＸＸＸＸＸＸＸＸＸＸＸ
ＸＸＸＸＸＸＸＸＸＸＸＸＸＸＸＸＸＸＸＸＸＸＸＸＸＸ
ＸＸＸＸＸＸＸＸＸＸＸＸＸＸＸＸＸＸＸＸＸＸＸＸＸＸ
ＸＸＸＸＸＸＸＸＸＸＸＸＸＸＸＸＸＸＸＸＸＸＸＸＸＸ。
　　ＸＸＸＸＸＸＸＸＸＸＸＸＸＸＸＸＸＸＸＸＸＸＸＸ
ＸＸＸＸＸＸＸＸＸＸＸＸＸＸＸＸＸＸＸＸＸＸＸＸＸＸ
ＸＸＸＸＸＸＸＸＸＸＸＸＸＸＸＸＸＸＸＸＸＸＸＸＸＸ
ＸＸＸＸＸＸＸＸＸＸＸＸＸＸＸＸＸＸＸＸＸＸＸＸＸＸ。
　　ＸＸＸＸＸＸＸＸＸＸＸＸＸＸＸＸＸＸＸＸＸＸＸＸ
ＸＸＸＸＸＸＸＸＸＸＸＸＸＸＸＸＸＸＸＸＸＸＸＸＸＸ
ＸＸＸＸＸＸＸＸＸＸＸＸＸＸＸＸＸＸＸＸＸＸＸＸＸＸ
ＸＸＸＸＸＸＸＸＸＸＸＸＸＸＸＸＸＸＸＸＸＸＸＸＸＸ
ＸＸＸＸＸＸＸＸＸＸＸＸＸＸＸＸＸＸＸＸＸＸＸＸＸＸ
ＸＸＸＸＸＸＸＸＸＸＸＸＸＸＸＸＸＸＸＸＸＸＸＸＸＸ。

图 11　信函格式首页版式

注：版心实线框仅为示意，在印制公文时并不印出。

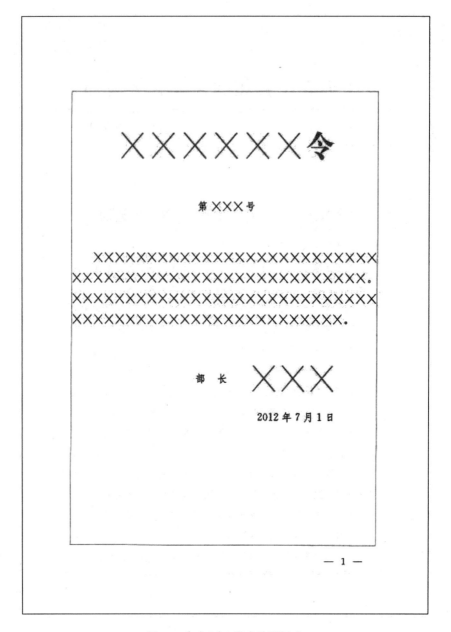

图 12 命令(令)格式首页版式

注：版心实线框仅为示意，在印制公文时并不印出。

附录三　归档文件整理规则

前　言

本标准代替 DA/T 22-2000《归档文件整理规则》。

本标准与 DA/T 22-2000 相比主要变化如下：

——标准的总体编排和结构按 GB/T 1.1-2009 进行了修改；

——将标准适用范围由纸质文件材料扩展为纸质和电子文件材料；

——调整归档文件分类方法；

——增加归档文件组件和纸质归档文件修整、装订、编页、排架要求；

——增加归档文件档号结构和编制要求；

——将室编件号、馆编件号统一为件号；

——在附录中增加归档章示例、直角装订方法。

本标准的附录 A 是规范性附录，附录 B、附录 C、附录 D、附录 E 是资料性附录。本标准由国家档案局提出并归口。

本标准起草单位：国家档案局档案馆(室)业务指导司。

本标准主要起草人：许卿卿　丁德胜　张会琴　张红　吴惠敏　刘峰　王勤　宋涌

本标准于 2000 年 12 月 6 日首次发布。

归档文件整理规则

1. 范围

本标准规定了应作为文书档案保存的归档文件的整理原则和方法。

本标准适用于各级机关、团体、企事业单位和其他社会组织对应作为文书档案保存的归档文件的整理。其他门类档案可以参照执行。企业单位有其他特殊规定的，从其规定。

2. 规范性引用文件

下列文件对于本文件的应用是必不可少的。凡是注日期的引用文件，仅所注日期的版本适用于本文件。凡是不注日期的引用文件，其最新版本（包括所有的修改单）适用于本文件。

GB/T 18894　电子文件归档与管理规范

DA/T 1-2000　档案工作基本术语

DA/T 13- 1994　档号编制规则

DA/T 25-2000　档案修裱技术规范

DA/T 38-2008　电子文件归档光盘技术要求和应用规范

3. 术语和定义

下列术语和定义适用于本标准。

3.1　归档文件 archival document(s)

立档单位在其职能活动中形成的、办理完毕、应作为文书档案保存的文件材料，包括纸质和电子文件材料。

3.2　整理 arrangement

将归档文件以件为单位进行组件、分类、排列、编号、编目等（纸质归档文件还包括修整、装订、编页、装盒、排架；电子文件还包括格式转换、元数据收集、归档数据包组织、存储等），使之有序化的过程。

3.3　件 item

归档文件的整理单位。

3.4　档号 archival code

在归档文件整理过程中赋予其的一组字符代码，以体现归档文件的类别和排列顺序。

4. 整理原则

4.1　归档文件整理应遵循文件的形成规律，保持文件之间的有机联系。

4.2　归档文件整理应区分不同价值，便于保管和利用。

4.3　归档文件整理应符合文档一体化管理要求，便于计算机管理或计算机辅助管理。

4.4　归档文件整理应保证纸质文件和电子文件整理协调统一。

5. 一般要求

5.1　组件（件的组织）

5.1.1　件的构成

归档文件一般以每份文件为一件。正文、附件为一件；文件正本与定稿（包括法律法规等重要文件的历次修改稿）为一件；转发文与被转发文为一件；原件与复制件为一件；正本与翻译本为一件；中文本与外文本为一件；报表、名册、图册等一册(本)为一件(作为文件附件时除外)；简报、周报等材料一期为一件；会议纪要、会议记录一般一次会议为一件，会议记录一年一本的，一本为一件；来文与复文(请示与批复、报告与批示、函与复函等)一般独立成件，也可为一件。有文件处理单或发文稿纸的，文件处理单或发文稿纸与相关文件为一件。

5.1.2　件内文件排序

归档文件排序时，正文在前，附件在后；正本在前，定稿在后；转发文在前，被转发文在后；原件在前，复制件在后；不同文字的文本，无特殊规定的，汉文文本在前，少数民族文字文本在后；中文本在前，外文本在后；来文与复文作为一件时，复文在前，来文在后。有文件处理单或发文稿纸的，文件处理单在前，收文在后；正本在前，发文稿纸和定稿在后。

5.2　分类

5.2.1　立档单位应对归档文件进行科学分类，同一全宗应保持分类方案的一致性和稳定性。

5.2.2　归档文件一般采用年度—机构(问题)—保管期限、年度—保管期限—机构(问题)等方法进行三级分类。

a)按年度分类

将文件按其形成年度分类。跨年度一般应以文件签发日期为准。对于计划、总结、预算、统计报表、表彰先进以及法规性文件等内容涉及不同年度的文件，统一按文件签发日期判定所属年度。跨年度形成的会议文件归入闭幕年。跨年度办理的文件归入办结年。当形成年度无法考证时，年度为其归档年度，并在附注项加以说明。

b)按机构(问题)分类

将文件按其形成或承办机构(问题)分类。机构分类法与问题分类法应选择其一适用，不能同时采用。采用机构分类的，应根据文件形成或承办机构对归档文件进行分类，涉及多部门形成的归档文件，归入文件主办部门。采用问题分类的，应按照文件内容所反映的问题对归档文件进行分类。

c)按保管期限分类

将文件按划定的保管期限分类。

5.2.3　规模较小或公文办理程序不适于按机构(问题)分类的立档单位，可以采取年度—保管期限等方法进行两级分类。

5.3　排列

5.3.1　归档文件应在分类方案的最低一级类目内，按时间结合事由排列。

5.3.2　同一事由中的文件，按文件形成先后顺序排列。

5.3.3　会议文件、统计报表等成套性文件可集中排列。

5.4　编号

5.4.1　归档文件应依分类方案和排列顺序编写档号。档号编制应遵循唯一性、合理性、稳定性、扩充性、简单性原则。

5.4.2　档号的结构宜为：全宗号-档案门类代码·年度-保管期限-机构（问题）代码-件号。

上、下位代码之间用"-"连接，同一级代码之间用"·"隔开。如"Z109-WS·2011-Y-BGS-0001"。

5.4.3　档号按照以下要求编制：

a）全宗号：档案馆给立档单位编制的代号，用4位数字或者字母与数字的结合标识，按照 DA/T 13- 1994 编制。

b）档案门类代码·年度：归档文件档案门类代码由"文书"2位汉语拼音首字母"WS"标识。年度为文件形成年度，以4位阿拉伯数字标注公元纪年，如"2013"。

c）保管期限：保管期限分为永久、定期30年、定期10年，分别以代码"Y"、"D30"、"D10"标识。

d）机构（问题）代码：机构（问题）代码采用3位汉语拼音字母或阿拉伯数字标识，如办公室代码"BGS"等。归档文件未按照机构（问题）分类的，应省略机构（问题）代码。

e）件号：件号是单件归档文件在分类方案最低一级类目内的排列顺序号，用4位阿拉伯数字标识，不足4位的，前面用"0"补足，如"0026"。

5.4.4　归档文件应在首页上端的空白位置加盖归档章并填写相关内容。电子文件可以由系统生成归档章样式或以条形码等其他形式在归档文件上进行标识。

5.4.5　归档章应将档号的组成部分，即全宗号、年度、保管期限、件号，以及页数作为必备项，机构（问题）可以作为选择项（见附录 A　图 A1）。归档章中全宗号、年度、保管期限、件号、机构（问题）按照 5.4.3 编制，页数用阿拉伯数字标识（见附录 A　图 A2）。为便于识记，归档章保管期限也可以使用"永久""30年""10年"简称标识，机构（问题）也可以用"办公室"等规范化简称标识（见附录 A　图 A3）。

5.5　编目

5.5.1　归档文件应依据档号顺序编制归档文件目录。编目应准确、详细，便于检索。

5.5.2　归档文件应逐件编目。来文与复文作为一件时，对复文的编目应体现来文内容。归档文件目录设置序号、档号、文号、责任者、题名、日期、密级、页数、备注等项目。

a)序号：填写归档文件顺序号。

b)档号：档号按照 5.4.2-5.4.3 编制。

c)文号：文件的发文字号。没有文号的，不用标识。

d)责任者：制发文件的组织或个人，即文件的发文机关或署名者。

e)题名：文件标题。没有标题、标题不规范，或者标题不能反映文件主要内容、不方便检索的，应全部或部分自拟标题，自拟内容外加方括号"［　］"。

f)日期：文件的形成时间，以国际标准日期表示法标注年月日，如 19990909。

g)密级：文件密级按文件实际标注情况填写。没有密级的，不用标识。

h)页数：每一件归档文件的页面总数。文件中有图文的页面为一页。

i)备注：注释文件需说明的情况。

5.5.3　归档文件目录推荐由系统生成或使用电子表格进行编制。目录表格采用 A4 幅面，页面宜横向设置(见附录 B 图 B1)。

5.5.4　归档文件目录除保存电子版本外，还应打印装订成册。装订成册的归档文件目录，应编制封面(见附录 B 图 B2)。封面设置全宗号、全宗名称、年度、保管期限、机构(问题)，其中全宗名称即立档单位名称，填写时应使用全称或规范化简称。归档文件目录可以按年装订成册，也可每年区分保管期限装订成册。

6. 纸质归档文件的修整、装订、编页、装盒和排架

6.1　修整

6.1.1　归档文件装订前，应对不符合要求的文件材料进行修整。

6.1.2　归档文件已破损的，应按照 DA/T 25-2000 予以修复；字迹模糊或易退变的，应予复制。

6.1.3　归档文件应按照保管期限要求去除易锈蚀、易氧化的金属或塑料装订用品。

6.1.4　对于幅面过大的文件，应在不影响其日后使用效果的前提下进行折叠。

6.2　装订

6.2.1　归档文件一般以件为单位装订。归档文件装订应牢固、安全、简便，做到文件不损页、不倒页、不压字，装订后文件平整，有利于归档文件的保护和管理。装订应尽量减少对归档文件本身影响，原装订方式符合要求的，应维持不变。

6.2.2　应根据归档文件保管期限确定装订方式，装订材料与保管期限要求相匹配。为便于管理，相同期限的归档文件装订方式应尽量保持一致，不同期限的装订方式应相对统一。

6.2.3　用于装订的材料，不能包含或产生可能损害归档文件的物质。不使用回形针、大头针、燕尾夹、热熔胶、办公胶水、装订夹条、塑料封等装订材料进行装订。

6.2.4　永久保管的归档文件，宜采取线装法装订。页数较少的，使用直角装订或缝纫机轧边装订，文件较厚的，使用"三孔一线"装订。永久保管的归档文件，使用不锈钢订书钉或浆糊装订的，装订材料应满足归档文件长期保存的需要。

6.2.5　永久保管的归档文件，不使用不锈钢夹或封套装订。

6.2.6　定期保管的、需要向综合档案馆移交的归档文件，装订方式按照6.2.4—6.2.5执行。定期保管的、不需要向综合档案馆移交的归档文件，装订方式可以按照6.2.4执行，也可以使用不锈钢夹或封套装订。

6.3　编页

6.3.1　纸质归档文件一般应以件为单位编制页码。

6.3.2　页码应逐页编制，宜分别标注在文件正面右上角或背面左上角的空白位置。

6.3.3　文件材料已印制成册并编有页码的；拟编制页码与文件原有页码相同的，可以保持原有页码不变。

6.4　装盒

将归档文件按顺序装入档案盒，并填写档案盒盒脊及备考表项目。不同年度、机构(问题)、保管期限的归档文件不能装入同一个档案盒。

6.4.1　档案盒

6.4.1.1　档案盒封面应标明全宗名称。档案盒的外形尺寸为310mm×

220mm(长×宽),盒脊厚度可以根据需要设置为 20 mm、30mm、40mm、50mm 等(见附录 D 图 D1)。

6.4.1.2　档案盒应根据摆放方式的不同,在盒脊或底边设置全宗号、年度、保管期限、起止件号、盒号等必备项,并可设置机构(问题)等选择项(见附录 D 图 D2、图 D3)。其中,起止件号填写盒内第一件文件和最后一件文件的件号,起件号填写在上格,止件号填写在下格;盒号即档案盒的排列顺序号,按进馆要求在档案盒盒脊或底边编制。

6.4.1.3　档案盒应采用无酸纸制作。

6.4.2　备考表

备考表置于盒内文件之后,项目包括盒内文件情况说明、整理人、整理日期、检查人、检查日期(见附录 E)。

a)盒内文件情况说明:填写盒内文件缺损、修改、补充、移出、销毁等情况。

b)整理人:负责整理归档文件的人员签名或签章。

c)整理日期:归档文件整理完成日期。

d)检查人:负责检查归档文件整理质量的人员签名或签章。

e)检查日期:归档文件检查完毕的日期。

6.5　排架

6.5.1　归档文件整理完毕装盒后,上架排列方法应与本单位归档文件分类方案一致,排架方法应避免频繁倒架。

6.5.2　归档文件按年度—机构(问题)—保管期限分类的,库房排架时,每年形成的档案按机构(问题)序列依次上架,便于实体管理。

6.5.3　归档文件按年度—保管期限—机构(问题)分类的,库房排架时,每年形成的档案按保管期限依次上架,便于档案移交进馆。

7. 归档电子文件的整理要求

7.1　归档电子文件组件(件的组织)、分类、排列、编号、编目,应符合本《规则》"5 一般要求"的规定。

7.2　归档电子文件的格式转换、元数据收集、归档数据包组织、存储等整理要求,参照《数字档案室建设指南》(2014 年)、GB/T 18894、DA/T 48、DA/T 38 等标准执行。

7.3　归档电子文件整理,应使用符合《数字档案室建设指南》(2014 年)、GB/T 18894 等标准的应用系统。

附录 A
归档章式样及示例
（规范性附录）

单位：mm　比例：1∶1

注：标有"*"号的为选择项，下同。

图A1　归档章式样

Z109	2011	1
BGS	Y	45

图A2　归档章示例一

Z109	2011	1
办公室	永久	45

图A3　归档章示例二

附录 B

归档文件目录式样

（资料性附录）

序号	档号	文号	责任者	题名	日期	密级	页数	备注

图 B1　归档文件目录式样

全　宗　号 _____

全 宗 名 称 _____

年　　　　度 _____

保 管 期 限 _____

＊保管（问题）_____

比例：1：2

图 B2　归档文件目录封面式样

<h2>附录 C</h2>

（资料性附录）

直角装订

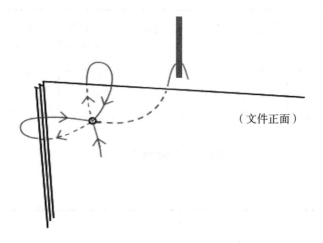

（文件正面）

图C1　装订方法

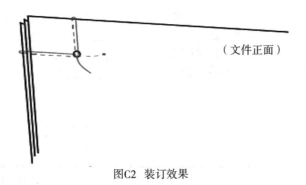

（文件正面）

图C2　装订效果

附录 D
档案盒式样
(资料性附录)

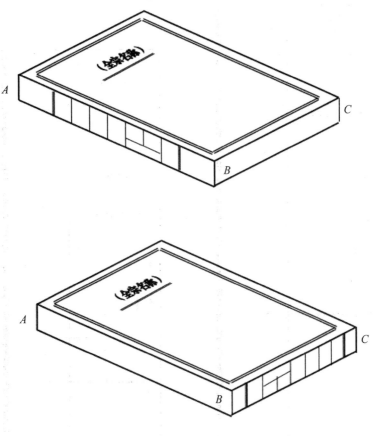

A=B=C=20, 30, 40, 50mm 等
图 D1 档案盒封面式样及规格

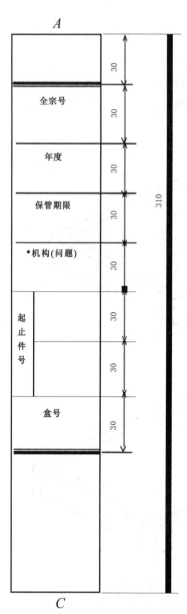

单位：mm 比例：1：2

图 D2　档案盒盒脊式样

单位：mm 比例：1：2

图 D3　档案盒底边式样

附录 E
备考表式样
（资料性附录）

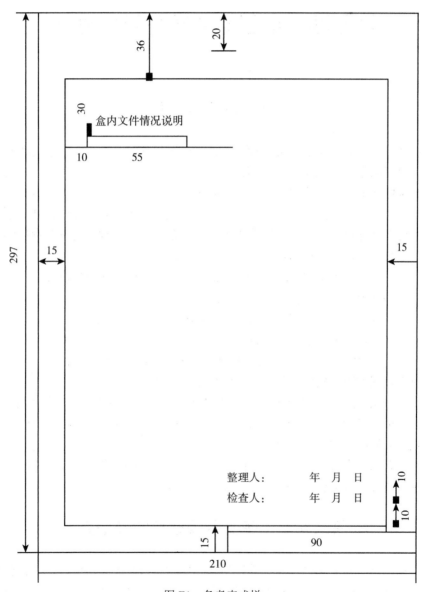

图 E1　备考表式样

附录四 电子文件管理暂行办法

第一章 总 则

第一条 为规范电子文件管理，确保电子文件的真实、完整、可用和安全，保存国家历史记录，促进信息资源开发利用，推动国家信息化健康发展，按照国家有关法律法规，制定本办法。

第二条 本办法所称电子文件，是指机关、团体、企事业单位和其他组织在处理公务过程中，通过计算机等电子设备形成、办理、传输和存储的文字、图表、图像、音频、视频等不同形式的信息记录。

第三条 电子文件管理应当遵循信息化条件下电子文件形成和利用的规律，坚持下列基本原则：

（一）统一管理。对电子文件管理工作实行统筹规划，统一管理制度，对具有保存价值的电子文件实行集中管理。

（二）全程管理。对电子文件形成、办理、传输、保存、利用、销毁等实行全过程管理，确保电子文件始终处于受控状态。

（三）规范标准。制定统一标准和规范，对电子文件实行规范化管理。

（四）便于利用。发挥电子文件高效、便捷的优势，对有价值的电子文件提供分层次、分类别共享应用。

（五）安全保密。按照国家有关法律法规和规范标准的要求，采取有效技术手段和管理措施，确保电子文件信息安全。

第二章 电子文件管理机构及职责

第四条 建立国家电子文件管理部际联席会议制度，由中共中央办公厅牵头，国务院办公厅、国家发展和改革委员会、工业和信息化部、财政部、国家档案局、国家保密局、国家密码管理局、国家标准化管理委员会等相关部门为成员单位，负责组织协调全国电子文件管理工作。国家电子文件管理部际联席会议的主要职责是：

　　（一）负责统筹规划和组织协调全国电子文件管理工作；

　　（二）研究制定电子文件管理方针政策；

　　（三）审定电子文件管理规章制度、重要规划、重大项目方案；

　　（四）组织起草相关标准；

　　（五）研究解决全国电子文件管理中的其他重大问题。

　　第五条　国家电子文件管理部际联席会议日常工作由中共中央办公厅承担。

　　第六条　县以上党委、政府要结合实际，明确负责电子文件管理的部门，承担本地区电子文件管理工作的组织协调和监督检查。

　　第七条　各有关部门应当为电子文件管理提供必要的保障措施。

　　各级信息化行政管理部门应当将电子文件管理工作纳入信息化发展规划，为电子文件管理工作提供信息化保障。各级发展改革、机构编制等部门负责为电子文件管理工作提供政策保障。各级财政部门应当为电子文件管理工作提供资金保障。

　　第八条　电子文件形成单位应当对本单位电子文件管理工作进行统筹规划，建立管理制度，明确管理职责，规范工作流程，落实保障措施。

　　各单位文秘和业务部门负责电子文件日常处理；档案部门负责归档电子文件管理；信息化部门负责为电子文件管理提供信息化支持；保密部门负责涉密电子文件的保密监督管理。

　　第九条　各级国家综合档案馆负责接收和保管本馆接收范围内各单位形成的具有永久保存价值的电子文件，并依法提供利用；有条件的应当根据国家灾害备份的要求，建立本级电子文件备份中心或者异地备份库。

第三章　电子文件的形成与办理

　　第十条　电子文件形成单位在建立和完善信息系统时，应当组织文秘、业务、档案、信息化、保密等部门提出电子文件管理的功能需求。

　　第十一条　电子文件在形成和办理过程中，应当具备国家法律法规规定的原件形式，并符合下列要求：

　　（一）能够有效表现所载内容并可供调取查用；

　　（二）能够保证电子文件及其元数据自形成起完整无缺、来源可靠，未被非法更改；

(三)在信息交换、存储和显示过程中发生的形式变化不影响电子文件内容真实、完整。

涉密电子文件的原件形式应当符合国家有关保密法律法规的规定。

第十二条　电子文件应当采用符合国家标准的文件存储格式，确保能够长期有效读取。

第十三条　电子文件形成单位应当对电子文件形成的过程稿及其相关信息的留存和安全保密等作出明确规定。

第十四条　在电子文件传输、交换时，应当遵循相关要求，对传输、交换过程予以记录。

第四章　电子文件的归档与移交

第十五条　电子文件形成单位应当根据国家有关规定明确电子文件归档范围和保管期限，并对具有保存价值的电子文件及时进行归档，由本单位档案部门负责管理。

第十六条　电子文件归档应当符合下列要求：

(一)电子文件应当在办理完毕后实时或定期归档，定期归档应在第二年6月底前完成；

(二)归档电子文件的保管期限划分准确；

(三)电子文件及其元数据应当同时归档；

(四)电子文件归档时，应当进行真实、完整、可用方面的鉴定、检测，并由相关责任人确认；

(五)电子文件应当以国家规定的标准存储格式进行归档，属于国家秘密的电子文件应当使用专用保密存储介质存储，并按保密规定办理归档手续；

(六)具有永久保存价值或者其他重要价值的电子文件，应当转换为纸质文件或者缩微胶卷同时归档。

第十七条　归档电子文件应当按照相关管理要求进行分类和整理。

第十八条　属于国家综合档案馆接收范围的电子文件，应当按照规定时限向同级国家综合档案馆移交。已建立电子文件备份中心的，应当按照其要求进行移交。

第五章 电子文件的保管与利用

第十九条 电子文件形成单位和各级国家综合档案馆应当配备电子文件管理、利用的设施设备。

第二十条 电子文件保管应当符合下列要求：

(一)按照国家信息安全等级保护标准和涉密信息系统分级保护管理规定建立电子文件管理系统和信息内容安全保密防护体系，执行严格的安全保密管理制度；

(二)定期对电子文件的保管情况、可读取状况等进行测试、检查，发现问题及时处理；

(三)电子文件运行的软硬件环境、存储载体等发生变化时，应当将其及时迁移、转换；

(四)电子文件应当实行备份制度；

(五)根据电子文件不同载体保管环境的要求，选择适宜的保管条件。

第二十一条 反映电子文件保管、利用过程的相关信息应当记录和保存。

第二十二条 加强电子文件利用基础设施建设，建立健全相关制度，采取有效措施促进信息资源共享，保证电子文件在规定的时间、地域、机构、人员范围内得到方便快捷的利用。

第二十三条 属于信息公开范围的电子文件的利用，应当按照国家有关规定执行；不属于信息公开范围的电子文件，按照国家有关档案、保密、信息安全、知识产权保护等方面法律法规的要求，可在规定范围内提供利用。

第二十四条 应当为利用者提供真实、可靠的电子文件，并采取有效措施确保电子文件不受损害。

第二十五条 电子文件的销毁应当履行有关审批手续；涉密电子文件的销毁应当按照国家保密法律法规的规定处理。

第六章 奖励与惩处

第二十六条 负责电子文件管理的部门和电子文件形成单位对在电子文件管理工作中取得突出成绩的单位或者个人，应当给予表彰或者奖励。

第二十七条 有下列情形之一的，由县级以上负责电子文件管理的部门责令限期整改；情节严重的，由有关主管部门对直接负责的主管人员或者其他直接责任人员按照有关规定给予相应的处分：

（一）电子文件管理不符合真实、完整、可用和安全保密要求的；

（二）不按照规定移交或者接收电子文件的；

（三）不按照规定提供电子文件的；

（四）损毁、丢失、篡改、伪造电子文件的；

（五）擅自提供、复制、公布、销毁电子文件的；

（六）擅自出卖电子文件的；

（七）玩忽职守，造成电子文件损失的。

有前款第四、五、六、七项情形，涉嫌犯罪的，要依法追究其刑事责任。

第七章　附　则

第二十八条　本办法所称元数据，是指描述电子文件内容、结构、背景和管理过程的数据。

第二十九条　军队系统的电子文件管理参照本办法执行。

第三十条　本办法由中共中央办公厅负责解释。

第三十一条　本办法自印发之日起施行。